発酵食大 旨うまレシピ

JN037270

発酵食大学

今日からすぐできる！
ラクしておいしいヘルシーごはん

KADOKAWA

ごあいさつ

はじめまして、発酵食大学です

みなさんは、発酵調味料を使った料理、と聞いて
どんなイメージを持つでしょうか。
日本の伝統的な体にやさしい食事——
そういう料理って手がかかって難しそう。
じっくり料理をする時間はないし、今の自分にはちょっと無理。
そんなふうに思っていませんか？

いえ、私たち発酵食大学は、声を大にして言いたいのです。
「毎日忙しい人こそ、
発酵調味料のチカラを使ってください！」

私たち発酵食大学は、発酵調味料の知識・活用を、
大人が楽しみながら学ぶ場として誕生しました。
「発酵」は長い歴史とともに進化してきた、
人類のすばらしい知恵です。

さまざまな病気の流行により、免疫力など、
人の体が本来持っているチカラが見直されている今、
現代人も発酵のチカラを借りない手はありません。

発酵食品は、腸内の環境を整える働きをしてくれます。
さらに、発酵食品が持つうまみは、
料理をおいしくしてくれます。

基本の調味料である、みそ・醤油、酢、みりんも、
発酵調味料ではありますが、これに加えて塩麹・醤油麹があれば、
和・洋・中、家族みんなで楽しめるあらゆるおかずができます。
調味料が少なくてシンプルになれば、買い物も、調理も楽に！

これが、私たちの考える「旨うまレシピ」です。

無理して、何から何まで手作りしなくたっていいのです。
高価な食品にこだわる必要もありません。
できる範囲で、体にいいものを食べる。少しずつでも続けていく。

私たちのレシピが、その役に立てばうれしく思います。

発酵食大学

はじめに “発酵”ってこんなにすごい！

第1章　肉や魚を漬けておいしく！

第2章　野菜がたっぷりとれる主役級おかず

第3章 家族が喜ぶ王道メニューも簡単！

第4章 しっとり・味しみがおいしい作り置き

第5章　あと1品ほしいときのスピード副菜

第6章　これさえあればOK!のご飯とスープ

第7章　やさしい甘さのお手軽スイーツ

本書の使い方

・ 材料と作り方は基本2〜3人分ですが、レシピによっては作りやすい分量で表記しています。

・ 小さじ1は5㎖、大さじ1は15㎖です。

・ 電子レンジは600Wのものを基準にしています。ただし、メーカーや機種によって違いがあるので、加熱時間は様子を見ながら加減してください。また、加熱する際は付属の説明書に従って、高温に耐えられる素材の器やボウルを使用してください。

・ オーブントースターは機種によって設定できるワット数が異なるので、掲載のワット数、時間を参考に焼き具合を見ながら加減してください。

・ 肉や魚を加熱したら、中まで火が通っているか確認してください。生っぽい場合は加熱時間をのばすなどして、しっかりと火を通すようにしてください。

・ 塩麹・醤油麹・甘酒は大さじ1＝約20gとしています。

・ 甘酒は濃縮タイプを基準にしています。

この本で使っている調味料について

日本の調味料は発酵のチカラを生かしたもの、米を活用したものなど、さまざまです。
本書のレシピは、お手持ちの好みの調味料を使って作っていただいてよいですが、
発酵食大学のおすすめする基本の調味料をここで紹介します。

本みりん

もち米・米麹・アルコールを原料に
糖化・熟成させたものが本みりんで
す。店頭には「みりん風調味料」と
いったものも並んでいますが、これ
は本みりんとは異なる製法で作られ
ています。「本みりん」は甘みやコク
に優れているのが特徴。いいみりん
を使うと料理がぐっとおいしくなる
ので、ぜひ「本みりん」を使ってみ
てください。

酢

和食はもちろん、マリネなど洋風の
料理にも使える酢。これもさまざま
な種類があります。一般的な「酢」
は複数の穀物を醸造して作ったも
の。米だけで醸造した「純米酢」は、
よりコクがありまろやかです。本書
のレシピは「酢」と表記しています
が、「純米酢」を使ってもおいしく作
ることができます。お好みの酢をレ
シピに取り入れてみてください。

米油

料理に使う油にも、じつはさまざま
な種類があります。もっともメジャ
ーなのはサラダ油ですが、本書では
米油を使用しました。米油は米を原
料とする食用油です。米油はクセが
なくてどんな料理にも使いやすいの
が特徴。酸化しにくいという特徴が
あるので、揚げものなど、油を使っ
た料理に使うと、冷めてもおいしく
仕上げることができます。

米粉

日本の米の消費量が減るなか、最近
注目を集めているのが米粉です。米
を粉末状に挽いたもので、小麦粉を
控えている人や、小麦粉アレルギー
の人でも安心して使うことができま
す。特に、粒子が細かいものはダマ
にならず普段の料理にもおすすめ。
本書では積極的に米粉を使っていま
すが、米粉がないときは代わりに小
麦粉を使用してもかまいません。

"発酵"って こんなにすごい！

発酵食大学のレシピが「旨うま」なのはなぜ？
発酵食品・調味料のいいところと、
基本の発酵調味料の作り方を紹介します。
発酵のチカラを今日からさっそく生かしましょう！

Part 1

\ 毎日元気でいたい！ /
でも忙しくて料理が大変！そんな人にこそ
発酵食大学のレシピが
"旨うま" な理由

本書で紹介する "旨うまレシピ" には、3つの「うまい」の意味が
込められています。発酵食品だからこその「うまい」を知って、
ぜひ毎日の食卓に発酵食品を取り入れて！

その1

体にうまい！

発酵食品が善玉菌を増やし、
腸内環境を整える

免疫力の約6割を腸が担っている
といわれることから、「腸活」
が注目されています。発酵食品
には、腸内環境をよくする働き
をする乳酸菌、ビフィズス菌、
納豆菌などの善玉菌がたくさん
含まれています。調理の過程や
胃酸で菌の多くは大腸に届く前
に死んでしまいますが、死菌で
も腸内細菌のエサになったり、
いい刺激を与えたりして、免疫
力を整えるのに役立ちます。
腸内細菌のエサになる食物繊維
と発酵食品を毎日セットでとる
"毎日菌トレ"（P14）もおすすめ。

その2

味がうまい！

発酵の力で深い味わいを生み、保存性もアップ

原料となる食材に微生物が付着し、食材を分解する過程で
「うまみ」や「甘み」が生み出され、深い味わいとなったの
が発酵食品。また、食材を発酵調味料に漬け込むと保存性
がぐっと高まります。シンプルな調理だけでうまみがアッ
プし、おいしく食べられるのもうれしいメリット。

その3

料理が
うまくなる！

麹調味料なら、これ1つで
味が決まって時短に

塩麹、醤油麹などは、麹の甘み
やうまみ、香りが加わった万能
調味料。これ1つで、驚くほど
コクのある奥深い味になるので、
あれこれ調味料を使わずに味が
ぴたりと決まります。酵素パワ
ーで食材の味やうまみを引き出
すため、料理の素がなくても満
足感あり！ 料理の腕前がワン
ランクアップしたような食卓に。

体にうまい！
のはなぜ？

発酵食品は、なぜ体にいいといわれるのでしょうか。
その理由のひとつに、腸内環境を整えてくれることが挙げられます。
また、一緒にとると効果抜群なのが食物繊維です。

 ## 発酵食品は腸内環境を整えてくれる

腸は食べ物から栄養を吸収し、血流にのせて全身の細胞へ送り出す器官。腸には免疫細胞の約6割が集まっているといわれています。よく「免疫力」という言葉を耳にしますが、腸の免疫細胞が活発であれば、私たちの体をウイルスや細菌など有害なものから守る働きをしてくれる、と考えられているのです。

免疫細胞を活性化するには、まずは腸内環境を整えることが必要です。腸内にすみ着いている腸内細菌が元気であれば、腸内細菌のうち、いわゆる善玉菌が産生する短鎖脂肪酸などによって腸内環境がよくなっていきます。

発酵食品には、乳酸菌、ビフィズス菌、納豆菌などの善玉菌そのものがたくさん含まれているので、これらを摂取することも、腸内細菌を整えるためにもちろん有効です。

さらに、発酵食品には発酵の過程で微生物が生み出す物質や、栄養素などが多く含まれます。これらは、うまみや風味を増す働きをしてくれるだけでなく、食べ物を消化吸収しやすい状態にしてくれるので、効率よく栄養を吸収できるというメリットもあります。

発酵食品に含まれる善玉菌は、調理の過程や胃酸によって多くが死んでしまいますが、死菌であっても腸内環境を整えるためにいい成分となったり、腸内細菌のエサになったり、いい刺激をもたらしてくれるので、その結果、発酵食品が「免疫力」にいいといわれているのです。

✳ 食物繊維は発酵食品のベストパートナー

左のページで、発酵食品が腸内環境を整えてくれる仕組みについて説明しましたが、もう一つ、腸内環境を整える重要な働きをしてくれるのが食物繊維です。食物繊維には、「水溶性食物繊維」と「不溶性食物繊維」の2種類があります。「水溶性食物繊維」は腸内細菌のエサとなり、善玉菌を活発にしてくれます。「不溶性食物繊維」は便のかさを増やして腸のぜん動運動を促すので、便秘解消につながります。最近では食物繊維と同じように働く、難消化性オリゴ糖やレジスタントスターチなどが注目を浴びています。その理由は、水溶性食物繊維や難消化性オリゴ糖などを積極的にとると、もともといる腸内細菌がそれをエサに短鎖脂肪酸を作り出し、それにより腸内環境が善玉菌優位な環境になり、免疫細胞を活性化することが分かってきたからです。難しい名前が続きますが、下に挙げたような食品を食べれば自然ととることができるので、毎日の食卓に積極的に取り入れてみましょう。

水溶性食物繊維や難消化性オリゴ糖を多く含む食品

野菜（おくら、かぼちゃ、玉ねぎなど）、海藻、果物、もち麦、納豆など

不溶性食物繊維を多く含む食品

穀類（オートミールや玄米など）、根菜類、豆類、きのこなど

体にうまい！ 発酵食品×食物繊維で
" 毎日菌トレ " のすすめ

" 菌トレ " とは？

発酵食品や発酵調味料と、食物繊維は最強の腸活コンビ。この2つを毎日コツコツ食べることを、発酵食大学では「菌トレ」と呼んで、おすすめしています。菌トレをすることで腸内細菌の善玉菌（乳酸菌やビフィズス菌など）を増やしたり、善玉菌が生み出す短鎖脂肪酸が腸内環境を整えてくれるのです。

" 毎日 " がおすすめな理由

腸内細菌がお腹を空かせて元気がなくならないように、毎日エサである食物繊維を送り込んであげましょう。また発酵食品に含まれる善玉菌はたとえ生きて腸まで届いても腸内にすみ着く可能性は少なく、数日腸内に留まってその後は便として排出されるといわれています。つまり、発酵食品と食物繊維を毎日とって、継続的に腸内環境を整える意識が大切なのです。

本書のレシピを1日1品！

この本では、塩麹などの発酵調味料や発酵食品と食物繊維を含んだ野菜とを組み合わせたレシピを多く紹介しています。まずは、1日1品から取り入れてみましょう。ちなみにみそ汁は、発酵食品と食物繊維をセットで手軽にとることができるおすすめメニューです。

"毎日菌トレ"の実践メニュー

納豆菌＋食物繊維の最強食材
納豆

原料の大豆は食物繊維が豊富で、納豆菌は加熱や胃酸に強く、生きたまま腸まで届くという菌トレの最強食材。ビタミンAやCの含有量が少ないので、それを補う食材を組み合わせて。

納豆＋ねぎ
納豆に足りないビタミンCを補ってくれる定番の組み合わせ。

納豆＋卵
ビタミンAが豊富に含まれる卵黄は納豆のベストパートナー。

納豆＋キムチ
キムチに含まれる乳酸菌＋食物繊維で、菌トレ効果がアップ。

乳酸菌がとれ、種類も豊富
ヨーグルト

ヨーグルトには多くの乳酸菌やビフィズス菌が含まれます。食物繊維がほとんど含まれないので、食物繊維が豊富な食材と一緒に食べるとgood。

ヨーグルト＋バナナ
バナナは食物繊維も整腸作用のあるオリゴ糖も豊富で相性抜群。

ヨーグルト＋きな粉
きな粉は食物繊維が豊富な大豆が原料。素朴なおいしさがやみつきに。

ヨーグルト＋甘酒
麹で作った甘酒をチョイス。食物繊維とオリゴ糖を手軽に補える。

飲みやすく、朝食にも最適
甘酒

米麹を使った甘酒には、食物繊維やオリゴ糖が含まれ、腸内環境を整える効果あり。体のエネルギー源となるブドウ糖が豊富なので、忙しいときの朝食にもおすすめ。

甘酒＋バナナ
バナナの食物繊維、オリゴ糖をプラス。手軽に菌トレしたいときにぴったり。

甘酒＋豆乳
甘酒に足りないたんぱく質を豆乳が補ってくれる。豆乳の代わりに牛乳でもOK。

その2

味がうまい！
のはなぜ？

塩麹や醤油麹などの麹調味料はおいしいだけでなく、
食材のうまみや甘みを引き出す効果も持ち合わせています。
そのカギは、微生物が生み出す酵素の働きです。

✳ 発酵食品の「うまみ」「甘み」とは

発酵食品とは、微生物（細菌や酵母、カビ）の働きにより、人にとって有益なものに変化した食品のこと。味でいえば、発酵により「うまみ」や「甘み」、「酸味」や「香り」が生み出され、発酵食品特有の深い味わいを作り出します。原料となる食材に微生物が付着し、微生物が出す酵素がその食材を分解する過程で、たんぱく質をうまみ成分のアミノ酸やイノシン酸、グアニル酸などに、でんぷん質を甘いブドウ糖に変え、味をおいしく変化させるのです。また分解の結果発生した脂肪酸やアルコールも、いい香りやうまみになります。

✳ 発酵調味料は「保存」が得意

食材を発酵調味料に漬け込むと、保存性が高まります。そのため、週末にまとめ買いした肉や魚に塩麹をまぶし、下味ストックを作っておけば、平日は冷蔵庫からさっと出して焼くだけ、蒸すだけ、煮込むだけの時短調理で完成！　ストックしている間に麹の酵素が肉や魚のたんぱく質やでんぷんを分解してうまみや甘みもアップするので、シンプルな調理でもおいしく感じられます。また、食材を消化吸収しやすい状態にしてくれるため、胃腸の働きを助け、栄養素を吸収しやすくなるというメリットも。

その3 料理がうまくなる！
のはなぜ？

塩麹、醤油麹のような麹調味料を使えば、
これだけで味が決まり、うまみ＆コク満点のおいしい料理が作れます。
時短＆家計にやさしいところもうれしい限り！

✳ 少ない調味料でおいしく！

塩麹、醤油麹などの麹調味料は、特におすすめの万能調味料。塩麹
はふつうの塩と比べ、角がとれたおだやかな塩味です。麹の甘みや
うまみ、香りもプラスされているので、自然と料理がコクのある深
い味わいに。塩麹ひとつで味がぴたりと決まるので、調味の手間が
省けます。あれこれ調味料を買わなくていいのでお財布にやさしく、
ストックする収納スペースもスッキリ！ うまみが豊富な酒粕も、
料理に活用すれば少ない調味料でおいしく仕上がり、余分な塩分を
おさえることができるのでおすすめです。

✳ 和・洋・中、なんでも合う

麹調味料を使えば、スープの素やだしの素、料理の素を用意しな
くても、充分に満足感のある料理に仕上がります。さらに酵素パワ
ーが肉や魚をしっとりやわらかくしてくれるので、ちょっとかため
の安価な肉や魚でもワンランクアップのおいしさに。節約の面でも
お得です。また、麹調味料はどんな食材にも合い、和風はもちろん、
洋風、中華風、エスニック風と、さまざまな料理に使えるので、毎
日のごはん作りに大活躍してくれます。

Part 2

\ うまい！から毎日続く /

発酵調味料を使おう

体によく、料理をおいしくしてくれる、発酵調味料や発酵食品。
なかでも、簡単に毎日の食卓に取り入れることができる、
発酵食大学のおすすめアイテムと、その作り方を紹介します。

毎日のごはん作りに取り入れやすい
発酵調味料・食品

● **塩麹（玉ねぎ麹）**
塩の代わりに使うだけで、うまみが増して味わいが豊かに。肉や魚を漬け込めば、しっとりやわらかく仕上げる効果もある。

● **みそ**
日本全国、大豆や米、麦の配合や、麹による仕込み方はさまざま。好みのもので OK。炒めものや煮ものなど、幅広く使って。

● **酢**
さっぱりとした酸味による食欲増進作用や、殺菌効果により食材を長持ちさせたり、色よく仕上げたりと、さまざまな効果がある。

● **酒粕**
日本酒をつくったあとに残る「かす」だが、うまみ、難消化性成分などがたっぷり残っている。加熱すれば子どもも食べられる。

● **ヨーグルト**
牛乳などに乳酸菌を加え、発酵させたもの。乳酸菌は生きて腸に達しても、胃酸や胆汁酸などで死滅しても、どちらも健康に役立つ。

● **醤油麹**
醤油を醤油麹に置き換えることで、うまみや甘みがよりアップするのはもちろん、醤油特有の芳醇な香りも楽しめる。

● **醤油**
日本の代表的な発酵調味料。大豆と小麦、塩を原料に、麹菌、乳酸菌、酵母などの働きで長期間発酵、熟成してつくられる。

● **いしる**
能登半島でつくられる伝統的な魚醤。いかの内臓やいわしを塩漬けしてつくるため、魚の凝縮されたうまみや濃厚な香りが特徴。

● **甘酒**
米麹からつくった甘酒は、自然な甘み、まったりとしたコクがある。消化がよく、効率的に栄養補給できるので「飲む点滴」ともいわれる。

● **納豆**
蒸した大豆に納豆菌を加えて発酵させたもの。納豆菌は生きたままで腸まで届く強い菌で、腸内の善玉菌を優位にし、腸内環境を整える。

醤油麹

塩麹

甘酒

酒粕

みそ

いしる

酢

納豆

ヨーグルト

醤油

塩麹・醤油麹

発酵調味料の中でも、みそや醤油、酢といった
一般的な調味料のほかにぜひ常備してほしいのが塩麹と醤油麹です。

● 手作りしやすい万能調味料

塩麹や醤油麹は、米麹に塩や醤油を加え、麹の酵素の働きでうまみ
を引き出した（これを麹の糖化作用といいます）万能調味料です。
材料は米麹、塩（または醤油）、水だけですし、作り方もとってもシ
ンプル。糖化させる時間は必要ですが、ヨーグルトメーカーを使え
ば半日で作れます。もちろん、市販のものを使ってもかまいません。

手作りするときのポイント

保存容器について

混ぜるときにこぼれないよう、口が広めで容量に余裕があるふた付きの保存容器がおすすめです。材質はガラス、プラスチック、ホウロウ、陶器など、好みのものでOKですが、容器はきれいに洗って乾かしたものを使用しましょう。ファスナーつき保存袋でもかまいません。ただし、金属で口を閉じる密閉タイプの瓶は避けてください。時間が経って開けたときに中身が飛び出す恐れがあります。器の場合は、使う前に食品に使えるアルコール消毒スプレーを吹きかけて消毒し、ペーパータオルで拭き取っておくと安心です。

ヨーグルトメーカーの場合

塩麹や醤油麹を常温で作ろうとすると時間がかかるのがちょっとネック。でも、ヨーグルトメーカーを使うと、麹がでんぷんを分解する温度（58〜60℃）をキープしてくれるので、たった半日で完成します。さらに常温で作るよりも甘みが増して甘じょっぱい味に仕上がるのも魅力です。温度を一定に保つ機能があればよいので、電気鍋で作ることもできます。

保存方法と注意点

手づくりの塩麹や醤油麹をねかせる間は、直射日光のあたらない室温（目安は20〜23℃）に置き、完成したら冷蔵庫で保存します。減塩したいからといって、塩や醤油の量を控えて仕込むと全体の塩分濃度が低くなり、腐敗のリスクが高まります。塩分は10％を切らないようにしましょう。ねかせている間に、ピンク、黒、緑などのカラフルなカビが生えた場合は、雑菌の繁殖が原因です。使わないようにしてください。

---

column 「麹」ってなんだ？

米や麦、大豆などの穀物に麹菌（カビの仲間）を繁殖させたものが「麹」。繁殖するときにさまざまな酵素を作り出すのですが、この酵素の力により分解された栄養分をエサに、乳酸菌や酵母などの微生物が繁殖し、発酵食品がつくられます。塩麹や醤油麹の材料である米麹は、蒸した米に麹菌を付着させたもの。塩麹や醤油麹自体のうまみや甘みは、麹菌の酵素が米を分解したときにできたものです。だから塩や醤油よりも風味やコクがあり、料理をおいしくしてくれるのです。また、漬け込むと肉や魚がやわらかくなるのも、麹菌の酵素の働きによるものです。

塩を置き換えてうまみアップ

塩麹

材料（作りやすい分量）

米麹（乾燥）…200g
粗塩（天然塩）…70g
水…260㎖

※生の米麹を使う場合は、粗塩を60g、水を200㎖にしてください。
※器やスプーンは清潔なものを使用してください。
※水はふだんの調理に使う水でかまいません。

ヨーグルトメーカーで作るときは

ヨーグルトメーカーの容器にすべての材料を入れて混ぜ、ふたを閉める。58〜60℃で8時間に設定し、途中、2〜3回混ぜながら保温する。完成したら保存容器に移して冷まし、冷蔵室で保存する。

塩麹の塩分について

市販の塩麹は塩分量がいろいろですが、ここで紹介した塩麹の塩分量は約13％（塩麹大さじ1〈約20g〉の塩分は約2.6g）。塩を塩麹に置き換える場合は、塩小さじ1/2を塩麹大さじ1を目安にしてください。減塩をしたい場合は、塩麹を少し控えめにしてもうまみがある分、満足感のある味に仕上がります。

作り方

1 麹に塩を加える

保存容器に麹、塩を入れる。麹が固まっている場合は袋の上からほぐしておく。

2 水を加えて混ぜる

水を加え、全体になじむまでスプーンでよく混ぜる。

**3 室温に置き、
1〜2日に1回混ぜる**

ふたをし、室温に置く。1〜2日に1回、全体をよく混ぜる。

※室温に置く期間は、夏場は2週間、冬場は1カ月を目安に。特に冬場は、暖かい場所（20〜23℃）に置く。

**4 麹がやわらかくなったら
でき上がり**

麹の粒がやわらかくなり、とろみと香り、まろやかな甘みが出たらでき上がり。冷蔵室で保存し、3カ月程度で使い切る。

塩麹に玉ねぎをプラス
玉ねぎ麹

本書の塩麹を使ったレシピは、玉ねぎ麹で作ることも可能です。玉ねぎ麹はうまみが強いので、塩麹の代わりに使うと、まるでバターを入れたようなコクが加わり、おいしさアップ！ 反対に玉ねぎ麹のレシピを塩麹で作ることもできます。

材料（作りやすい分量）

米麹（乾燥）…100g
玉ねぎ…1個（約330g）
粗塩（天然塩）…70g
水…100mℓ

※生の米麹を使う場合は、粗塩を60g、水を70mℓにしてください。
※器やスプーンは清潔なものを使用してください。
※水はふだんの調理に使う水でかまいません。

作り方

1 ミキサーにかける

玉ねぎは一口大に切る。すべての材料をフードプロセッサー（またはミキサー）に入れ、ペースト状になるまでかくはんする。

2 室温に置き、1日に1回混ぜる

保存容器に移してふたをし、室温に置く。1日に1回、スプーンなどで全体をよく混ぜる。

※室温に置く期間は、夏場は2週間、冬場は1カ月を目安に。特に冬場は、暖かい場所（20〜23℃）に置く。

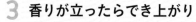

3 香りが立ったらでき上がり

生の玉ねぎ特有のツンとしたにおいがやわらいで、いい香りになったらでき上がり。冷蔵室で保存し、3カ月程度で使い切る。

※ヨーグルトメーカーを使う場合は、フードプロセッサーにかけたあとにヨーグルトメーカーの容器に移してふたをし、58℃で8時間に設定。途中、2〜3回混ぜながら保温する。完成したら保存容器に移して冷まし、冷蔵室で保存する。

深みのある香りと味
醤油麹

材料（作りやすい分量）

米麹（乾燥）…100g
醤油（濃口醤油）…300㎖

※減塩醤油を使うと、塩分濃度が下がってカビやすくなるので使いません。
※生の米麹を使う場合は、醤油を250㎖にしてください。
※器やスプーンは清潔なものを使用してください。

作り方

1 麹に醤油を加える

清潔な保存容器に麹を入れる。麹が固まっている場合は袋の上からほぐしておく。醤油を加え、全体がなじむまでよく混ぜる。

2 室温に置き、1日に1回混ぜる

ふたをし、室温に置く。1日に1回、スプーンなどで全体をよく混ぜる。

※室温に置く期間は、夏場は2週間、冬場は1カ月を目安に。特に冬場は、暖かい場所（20〜23℃）に置く。

3 麹がやわらかくなったらでき上がり

麹の粒がやわらかくなり、とろみが出てきたらでき上がり。冷蔵室で保存し、3カ月程度で使い切る。

※ヨーグルトメーカーを使う場合はヨーグルトメーカーの容器にすべての材料を入れて混ぜ、ふたを閉める。58〜60℃で8時間に設定し、途中、2〜3回混ぜながら保温する。完成したら保存容器に移して冷まし、冷蔵室で保存する。

\コクや甘みに使える/
酒粕と甘酒

酒粕は日本酒を搾ったあとに残る副産物。
酒の味や香りをそのまま生かしつつ、酵母の作用で食材のうまみを引き出します。
甘酒は米麹と米、水だけで作られ、発酵由来の甘みが特徴。
スイーツに使えば、やさしい甘みの素朴な味わいに仕上がります。

● 酒粕の選び方

スーパーなどで市販されている酒粕には、板状になっている「板粕」やなめらかなペースト状にした「酒粕ペースト」などがありますが、この本では、料理に使いやすい「酒粕ペースト」を使用しています。板粕を調理に使うときは、右ページのやり方で、やわらかくしておくと使いやすくなります。

● 甘酒の選び方

甘酒には、酒粕に砂糖を加えた「酒粕甘酒」、米麹を使った「米麹甘酒」の2種類がありますが、この本のレシピで使うのは「米麹甘酒」。砂糖などを加えて飲みやすくしたものではなく、水分が少ないどろっとした濃縮タイプを選んでください。温度を一定に管理できる機器がある場合は米麹とご飯で手作りもできます。

保存しやすい板粕を調理に使うときの下準備
板粕のほぐしかた

材料（作りやすい分量）

板粕…40g
水…大さじ1程度

作り方

1 耐熱ボウルに板粕を小さく切って入れる。

2 水を加え、ラップをかけずに電子レンジで20〜30秒加熱する。

3 ふわっとするまで混ぜる。

※ペーストの状態では日持ちしないので、使うときにその都度作る。

塩酒粕

塩麹のように肉や魚を漬けて焼いたり、野菜を漬けたりして楽しめます。塩分量は約10％なので、塩麹やみそよりもやや多め（醤油の約1.5倍量）を目安にして使ってみてください。醤油やみそ、塩麹など、ほかの調味料と組み合わせて使っても◎。

材料と作り方

酒粕（板粕）150gは小さくちぎり、フードプロセッサーに入れる。水150㎖、みりん50㎖、粗塩（天然塩）40gを加えてかくはんし、なめらかなペースト状にする。

※清潔な保存容器に入れ、冷蔵室で約3カ月保存可。フードプロセッサーがない場合は、すり鉢ですりつぶしてもOK。

発酵食品にまつわる
Q & A

麹や酒粕などの発酵食品について寄せられる、
疑問やお悩みにお答えします。

Q 塩麹を作る米麹を買うとき、
生麹と乾燥麹はどちらを選べばいいですか？

A どちらでも手に入りやすいもので OK

市販されている麹には生麹と乾燥麹があります。この本で紹介している発酵調味料はどちらを使っても作ることができます。乾燥麹は年中手に入りやすく、常温で保存がきくのがメリット。生麹は販売されている期間が短いことも多いので、手に入らないこともあるかもしれません。生麹は買ったらすぐに使うのがベストです。麹の良し悪しは、乾燥か生かということよりも、麹の酵素の分解力によります。いろんな麹を試してみて、自分のお気に入りを見つけるのも楽しいですね。

Q 塩分をとりすぎないようにしています。
塩麹や醤油麹を使って塩分を控えることはできる？

A うまみ＆甘みが減塩のもの足りなさを補ってくれます

塩麹や醤油麹は、米のでんぷんが糖化された甘みやうまみをたっぷり含んでいます。さらに、食材のうまみやコクを引き出す効果もあるので、塩分を控えめにしても満足感のある味わいに仕上がります。

Q 酒粕を使った料理は子どもが食べても大丈夫？

A しっかり加熱すれば食べられます

酒粕はアルコール分を含んでいます。アルコールは78℃くらいで蒸発するので、子どもが食べる場合は、必ず加熱しましょう。汁ものなら、ひと煮立ちさせるくらいを目安に。料理酒を使う煮ものと同じように考えればOKです。

Q 麹や酒粕はどのように保存したらよい？

A 乾燥麹は袋の表示通りに、酒粕は冷蔵保存

生麹は日持ちしないので、すぐに使うのが基本です。乾燥麹は常温で保存できるものが多いですが、袋の表示に従って保存しましょう。酒粕（板粕）は、空気に触れないようにぴっちりとラップで包み、ファスナーつき保存袋に入れて冷蔵保存を。賞味期限以上保存したい場合は、冷凍保存がおすすめです。

Q 塩麹で漬けた食材を焼くと、すぐ焦げます。気をつけることは？

A 弱火でじっくり焼くのがポイントです

塩麹には糖分が含まれているので、どうしても焦げやすくなります。ポイントは、弱火でゆっくり焼くこと。火の通りにくいものなら、ふたをして蒸し焼きにするのがおすすめです。

発酵食大学のおすすめアイテム

ここでは、発酵食大学がおすすめする商品を紹介。
いずれも日本の発酵食の伝統を守る老舗の商品ばかりです。

塩麹・醤油麹・甘酒・酒粕
雑味がなく、安心してすぐに使える

塩糀・醤油糀
ヤマト醤油味噌

塩糀は甘みがあって、まろやかな味わい。醤油糀は糀のまろやかな甘みと本醸造醤油のコクと風味が特徴。お取り寄せすると、オンライン料理教室に参加することもできます。醤油糀は野菜スティックのディップや冷ややっこにのせても。各120g ¥486（税込）

生きている塩糀
四十萬谷本舗

加熱処理していないため賞味期限は90日間、要冷蔵。酵素の力が強く、食材をやわらかく、おいしくしてくれます。220g ¥648（税込）

orise 甘酒 純米
糀屋三左衛門

濃縮タイプの甘酒なので、料理にも使いやすいです。もちろん、そのまま豆乳や水などで割って飲んでも美味。200g ¥810（税込）

玄米甘糀
ヤマト醤油味噌

玄米と米麹で作った甘酒を2倍に濃縮したもの。濃厚でしっかりとした甘みがあり、調理の砂糖の代わりにも使うことができます。200g ¥540（税込）

福正宗 純米吟醸 酒粕
福光屋

香り高く、風味も豊か。料理に使いやすい、クリーミーなペースト状です。食材にぬりやすく、汁ものに入れるときもすぐに溶けます。450g ¥410（税込）

麹
手作りの塩麹や醤油麹などの材料に

乾燥麹・生麹 米麹　糀屋三左衛門

創業600年以上の、種麹屋さんの老舗。容量が多いので塩麹や甘酒をたくさん仕込みたい人向き。生麹は完成してすぐ、麹本来の風味を逃さないよう急速冷凍したもの。
〈乾燥麹〉800g ¥1296（税込）
〈生麹〉1kg ¥1296（税込）

乾燥糀　ヤマト醤油味噌

使いやすい200g入りで、常温で半年保存ができるのもうれしいポイント。これで甘酒を作ると、しっかりとした甘みを感じられます。200g ¥562円（税込）

乾燥米麹　菱六

京都、東山で300年以上営む、日本で数少ない種麹屋さんの乾燥麹。甘酒にするとすっきりとしてクセがない、飲みやすい味に。500g ¥800（税込）

発酵食大学のイチオシ

いしる　発酵食大学

いかの内臓を塩漬けし、発酵・熟成させた、石川県の伝統的な調味料。魚介の濃厚なうまみが豊富で、料理に加えるだけで味わいが増します。100㎖ ¥378（税込）

第**1**章

肉や魚を漬けて おいしく！

発酵調味料は、食材を漬け込むことで、やわらかくしたり、
うまみを引き出しておいしくしてくれます。
買った食材を発酵調味料に漬けておけば、
日持ちも良く、調理の時短にもなりうれしいことずくめ。

豚のしょうが焼き

定番レシピも塩麹のチカラで、豚肉がふっくらジューシーに。
豚肉に塩麹をぬっておいて、平日のお助けレシピにも。

材料（2〜3人分）

豚ロース薄切り肉…300g
塩麹…大さじ1
米粉…大さじ1程度
米油…大さじ1
合わせ調味料
　おろししょうが…大さじ1
　みりん…大さじ2
　醤油…小さじ2

作り方

1 豚ロース薄切り肉は塩麹を両面にぬって
15分ほど置く（塩麹を水少々〈分量外〉で
薄めるとぬりやすい）。

2 1の表面に薄く米粉をふる。フライパン
に米油を中火で熱し、両面を焼く。

3 2に合わせ調味料を加え、表面に照りを
出す。

memo

1の状態で空気が入らないようラップでくるみ、冷蔵庫で4日間保存可能。

とりのから揚げ

いつものから揚げも玉ねぎ麹を使うだけで、簡単に下味をつけられるうえ、肉をやわらかくしてくれるといううれしい効果も。

材料（2～3人分）

とりもも肉…450g

玉ねぎ麹
　…45g（肉の重量の約10%）
おろしにんにく…少々
おろししょうが…少々
片栗粉…大さじ3～4
米油…適量

作り方

1 とりもも肉は一口大に切り、ポリ袋に入れ、玉ねぎ麹、おろしにんにく、おろししょうがを加えて混ぜ、冷蔵室に1時間ほど置く。

2 1のポリ袋に片栗粉を加えて全体にまんべんなくまぶす。

3 フライパンに米油を深さ1～2cm入れ160～170℃に熱したら、2を入れ、両面に色がつくまで揚げ焼きにする。

memo

1の状態で、空気が入らないよう袋の口をしばって、冷蔵庫で4日間保存可能。

きのこソースの
ハンバーグ

塩麹を使うことで、肉のうまみがアップし、
コクのある本格的な味わいに。
蒸し焼きにすれば中までしっかり火が通ります。

材料（2〜3人分）

合いびき肉…300g
玉ねぎ（みじん切り）…1/2個分
しめじ…60g
まいたけ…60g
塩麹…大さじ2

ナツメグ…少々
米油…小さじ2
ソース
| トマトケチャップ…大さじ3
| 中濃ソース…大さじ3
| 水…大さじ2

作り方

1 玉ねぎは耐熱皿に入れ、ふんわりとラップをかけて電子レンジで2分30秒ほど加熱し、しっかりと冷ます。

2 ボウルに合いびき肉、塩麹、ナツメグを入れて粘りが出るまで練り混ぜる。粘りが出たら**1**の玉ねぎも加えて混ぜ合わせる。

3 **2**のたねを両手でキャッチボールをするように空気を抜きながら丸く形を整える。フライパンに米油を熱し、弱めの中火で焼く。

4 焼き色がついたら裏返し、ふたをして5分ほど蒸し焼きにし、中まで火が通ったら器に盛る。

5 フライパンに残った肉汁と油でほぐしたしめじ、まいたけを炒め、ソースの材料を加えて混ぜ合わせる。**4**のハンバーグにかける。

memo

3で成形したたねを空気が入らないようラップでくるみ、冷蔵庫で3日間保存可能。

よだれどり

中華料理で人気のピリ辛がおいしい
とり肉メニューも、手軽に完成。
塩麹の力でとりむね肉が
しっとり仕上がります。

材料（2〜3人分）

とりむね肉…1枚（約300g）

塩麹…30g（肉の重量の約10％）

たれ

　長ねぎ（白い部分〈みじん切り〉）
　　…1/2本分

　はちみつ…大さじ1と1/2

　花椒パウダーや五香粉など、
　　お好みのスパイス…少々

　醤油（あればうす口醤油）
　　…大さじ2

　酢…大さじ2

　ラー油…小さじ1〜2

ピーナッツ（砕いたもの）…適量

作り方

1 とりむね肉は厚いところに切り込みを入
　れて開き、厚みを2cm以下の均一にする。
　ポリ袋に入れ、塩麹を加えて軽くもみ、
　冷蔵室に1時間ほど置く。

2 フライパンに水150ml（分量外）と1の
　とりむね肉を入れ、ふたをしたら弱めの
　中火にかける。沸騰してきたら弱火にし

8分ほど加熱する。とり肉の表面に弾力
があり、全体が膨れた状態になったら、
火を止め、肉を取り出す。

3 2の粗熱がとれたら薄切りにし器に盛る。
たれの材料を混ぜてかけ、ピーナッツを
のせる。

memo

1の状態で、冷蔵庫で4日間保存
可能。

酒粕タンドリーチキン

酒粕のコク × カレー粉のスパイシーな香りが食欲をそそる。
漬け込んで焼くだけの簡単レシピで、お弁当やお酒のおつまみにもぴったり。

材料（2〜3人分）

手羽中…300g

漬け床

酒粕…50g

おろしにんにく…少々

本みりん…大さじ1〜2

カレー粉…小さじ1

塩…小さじ1

memo

とり肉は一口大に切ったもも肉を
使ってもOK。2の状態で、空気
が入らないよう袋の口をしばって、
冷蔵庫で4日間保存可能。

作り方

1 ポリ袋に漬け床の材料を入れ、よく混ぜ
合わせる（酒粕が硬い場合は、水大さじ2
ほどを加え、電子レンジで約30秒加熱して
やわらかくする）。

2 1に手羽中を加え、よく混ぜて全体に味
をなじませ、冷蔵庫に30分ほど置く。

3 2の手羽中を魚焼きグリルで10分ほど
焼く。片面焼きの場合、上下を返す。

フライパンでチキンカツ

揚げもの鍋を用意しなくても、フライパンでチキンカツが完成。
ころもには粉チーズを混ぜているので、塩麹のコクとベストマッチ。

材料（2〜3人分）

とりむね肉…1枚（約300g）

塩麹…30g（肉の重量の約10％）

おろしにんにく…少々

パン粉…適量

粉チーズ…パン粉の約20％

パセリ（みじん切り）…適量

米油…適量

作り方

1 とりむね肉を1cm厚さに切り、塩麹、おろしにんにくをすり込み冷蔵室に1時間ほど置く。

2 パン粉に粉チーズ、パセリを混ぜ合わせ、**1**にまんべんなくまぶす。

3 フライパンに米油を深さ1〜2cm入れ、160〜170℃に熱したら**2**を入れ、両面がこんがりするまで揚げ焼きにする。

memo

2の状態で、空気が入らないようラップでくるみ、冷蔵庫で4日間保存可能。

のり塩チキン 塩麹

塩麹でやわらかくなったとりむね肉に、青のりの香りが食欲をそそります。
仕上げに黒こしょうをかけておつまみにも。

材料（2〜3人分）

とりむね肉…1枚（約300g）

塩麹…30g（肉の重量の約10％）

青のり…大さじ1〜2

片栗粉…大さじ1

米油…大さじ3

memo

2の状態で、空気が入らないよう
袋の口をしばって、冷蔵庫で4日
間保存可能。

作り方

1 とりむね肉は2cm厚さの細切りにする
（お好みで皮なしでもOK）。

2 ポリ袋に**1**と塩麹を入れてよくもみ込み、
冷蔵室に1時間ほど置く。

3 **2**に片栗粉を加え全体にまぶす。フライ
パンに米油を中火で熱し160℃にあた
たまったら、両面を各3分ほど焼く。

4 油を切り、全体に青のりをふる。

白菜ととり肉のクリーム煮

塩麹＋酒粕＋白みそという、発酵調味料のうまみがたっぷり詰まった
豆乳ベースの煮込み料理。体の奥からしっかりあたたまります。

材料（2～3人分）

とりもも肉…1枚（約300g）
豆乳（成分無調整）…100mℓ
白菜…5～6枚（約400g）
塩麹…30g（肉の重量の約10％）
酒粕…30g
白みそ…30g
オリーブオイル…大さじ1
水…200mℓ

作り方

1 白菜は約3cm幅に切る。

2 とりもも肉は一口大に切り、塩麹をもみ込んでしばらく置く。

3 鍋にオリーブオイルを入れ、弱火で**2**のとりもも肉を炒める。

4 **3**に白菜、水を加え、ふたをして白菜がくたっとするまで煮込む。

5 **4**に酒粕、白みそを加えて溶かしながらひと煮立ちさせ、豆乳を加えて火を止める。

memo

酒粕のアルコールが気になる方や苦手な方は、**4**で酒粕を加え、しっかりアルコール分を飛ばしてください。

アクアパッツァ 塩麹

洋風のメニューにも、塩麹が大活躍！　たらとあさりのうまみが詰まったスープは、
残さず食べたくなるおいしさ。パンと一緒に楽しむのもおすすめ。

材料（2～3人分）

あさり（砂抜き）…100g
生だら…3切れ
ブロッコリー…1/2個
ミニトマト…10個
黒オリーブ（種抜き）…適量
塩麹…生だらの重量の約10％
にんにく（スライス）…1かけ分
白ワイン…100㎖
オリーブオイル…適量

作り方

1 あさりは殻をこすり合わせて洗い、水けを切る。

2 たらの両面に塩麹をぬり30分ほど置く。ブロッコリーは小房に分ける。

3 フライパンにオリーブオイルを入れ、にんにくを加え弱火で熱する。香りが出たら**2**のたらを皮目を下にして入れ、焼き色がつくまで焼く。

4 たらを裏返し、あさり、ブロッコリー、ミニトマト、オリーブ、白ワインを加え、ふたをしてあさりの口が開くまで蒸し焼きにする。

第2章

野菜が
たっぷりとれる
主役級おかず

腸内環境を整える力がある、発酵×食物繊維の組み合わせ。
発酵調味料のうまみのおかげで、
食物繊維を多く含む野菜が、もっとおいしく食べられ、
野菜不足を解決してくれるレシピです。

麻婆大根

調味料に塩麹を使うことで、
麻婆のようなメニューも濃厚な味に。
大根のとろとろ食感と、
肉みそあんが好相性。

材料（2〜3人分）

豚ひき肉…250g
大根…1/3本（約400g）
塩麹…大さじ1
にんにく（みじん切り）…1かけ分
しょうが（みじん切り）…1かけ分
万能ねぎ…適量
豆板醤…小さじ1
オイスターソース（またはみそ）
　…大さじ2
米油…大さじ1
水…100㎖
水溶き片栗粉
　片栗粉、水…各大さじ1

作り方

1 大根は皮をむき、1.5㎝角に切って耐熱ボウルに入れ、ふんわりとラップをかけて電子レンジで5分ほど加熱してやわらかくする。万能ねぎは小口切りにする。

2 フライパンに米油を入れ、にんにくとしょうがを加え、弱火で香りが立つまで熱する。

3　2に豆板醤、豚ひき肉を加えて中火で炒
　　める。

4　3に大根、水、塩麹、オイスターソース
　　を加え、大根に味がしみるまで5〜10分
　　煮込む。水溶き片栗粉を全体にまわし入
　　れ、とろみをつけたら万能ねぎをちらす。

memo

子どもが食べる場合や、辛さが苦
手な方は、豆板醤の量を調節して
ください。

白菜のうま煮 塩麹

野菜をたっぷり食べられるうま煮も、塩麹の得意メニュー。
きくらげはお好みのきのこに替えても OK。

材料（2〜3人分）

豚バラ肉…250g
白菜…1/4個
にんじん…1/3本
きくらげ…5枚
塩麹…大さじ1
オイスターソース…大さじ2
本みりん…大さじ2
酢（あれば黒酢）…小さじ1
ごま油…大さじ1
水…100㎖
水溶き片栗粉
　片栗粉、水…各大さじ1

作り方

1 豚バラ肉は約2㎝幅に切り、塩麹をまぶして下味をつける。白菜は約2㎝幅、にんじんは短冊切り、きくらげは一口大に切る。

2 フライパンにごま油を入れ、中火で1の豚バラ肉を炒める。白菜、にんじん、きくらげも加え、よく炒める。

3 2に水、オイスターソース、本みりん、酢を加える。ふたをして、白菜が少ししんなりするまで煮る。

4 水溶き片栗粉を全体にまわし入れ、とろみをつける。

白菜のごま担々鍋

担々鍋の隠し味として活躍するのが「いしる」。日本の発酵調味料ながら、
豆板醤と組み合わせると、手作りとは思えないコクのあるスープが完成！

材料（2〜3人分）

豚ひき肉…250g
白菜…1/4個
しいたけ…5個
にら…1わ
いしる（または醤油）…大さじ2
おろしにんにく…小さじ1
白練りごま…50g
豆板醤…小さじ2
酒…大さじ2
ごま油…大さじ1
水…400㎖

作り方

1 白菜は約3㎝幅に切る。しいたけは薄切り、にらは約3㎝長さに切る。

2 鍋にごま油、豆板醤、おろしにんにくを入れ、弱火で香りが立つまで熱する。

3 2に豚ひき肉を入れ、色が変わるまで炒めたら酒を加える。

4 白菜、しいたけ、水を入れ、火が通るまで煮る。練りごま、いしるを加え、味をととのえたらにらをのせる。

焼き餃子

餃子のあんの味つけも、塩麹を使えば
味がピタッと決まります。
最後のひとワザで、
カリッとした羽根つき餃子に。

材料（30個分）

豚ひき肉…200g
キャベツ…150g
にら…1/2わ
餃子の皮…30枚
塩麹…20g
おろしにんにく…少々
おろししょうが…少々
酒…大さじ1
こしょう…少々
ごま油…小さじ1
小麦粉（または米粉）…大さじ1
水…150㎖

作り方

1 キャベツ、にらはみじん切りにする。

2 ボウルに豚ひき肉、塩麹、おろしにんにく、おろししょうが、酒、こしょう、ごま油を入れて、粘りが出るまでよく混ぜる。

3 2のボウルにキャベツ、にらを加えて混ぜ合わせる。餃子の皮にあんを包んでいく。

4　フライパンに少量の米油（分量外）を入れ、
　　3の餃子を並べて中火で熱する。

5　小麦粉を水で溶いたものを4のフライ
　　パンに流し入れ、ふたをして5分ほど蒸
　　し焼きにする。ふたを開けて、餃子の皮
　　がパリッとするまで焼く。

しいたけシューマイ 塩麹

皮にしいたけを使った、ヘルシーな変わりシューマイ。
しいたけは肉厚のものを使うと、歯ごたえもボリュームも満点。

材料（12個分）

豚ひき肉…200g
しいたけ…12個
玉ねぎ（みじん切り）…1/4個分
塩麹…大さじ1と1/2
おろししょうが…少々
酒…大さじ1
片栗粉…適量

作り方

1 しいたけはペーパータオルで拭き、軸を除く。かさの内側に軽く片栗粉をふっておく。

2 ボウルに豚ひき肉、塩麹を入れ、粘りが出るまでよく混ぜ、玉ねぎ、おろししょうが、酒を加えて混ぜる。

3 2のシューマイのあんを丸めて1に詰める。蒸気の上がった蒸し器に並べ、強火で10分程度（しいたけの大きさや厚みによっては中まで火が通るよう時間をのばして）蒸す。

れんこんバーグ 塩麹

食物繊維たっぷりのれんこんとひじきをハンバーグに！　とりひき肉で
油も少なくヘルシーだけど、れんこん入りで食べごたえもあるおかずです。

材料（2〜3人分）

とりももひき肉…300g

卵…1個

れんこん…12㎝（約200g）
　（れんこんの表面に泥などの
　汚れがあるときはアルミホイ
　ルを丸めて擦る）

乾燥ひじき…5g

塩麹…大さじ1

醤油…大さじ1

本みりん…大さじ2

片栗粉…大さじ1

米油…適量

作り方

1　れんこんは皮つきのまま、フードプロセッサー
　または包丁でできるだけ細かいみじん切りに
　する。乾燥ひじきは水でもどしてよく洗い、
　水けをしっかりきっておく。

2　ボウルにとりももひき肉、**1**、卵、塩麹、片
　栗粉を入れて全体をよく混ぜ合わせる。好み
　の大きさの小判形に成形する。

3　フライパンに米油を入れて中火で熱し、**2**を
　並べ入れる。ふたをして4分焼き、裏返した
　らふたをしてさらに4分焼く。

4　**3**に醤油、本みりんを加え、全体にからめる。

れんこんととり肉の甘酢あん

ごろっと存在感のあるれんこんに甘酢あんをからめた、
ボリューム感のあるメニュー。とりむね肉は塩麹でしっとりと。

材料（2〜3人分）

とりむね肉…1枚（約300g）
れんこん…12㎝（約200g）
長ねぎ（青い部分）…適量
塩麹…30g（肉の重量の約10％）
片栗粉…適量
米油…適量
合わせ調味料
はちみつ…適量
酢…大さじ3
本みりん…大さじ3
醤油…大さじ2

作り方

1 とりむね肉は皮を取り除いて1㎝厚さのそぎ切りにし、塩麹、片栗粉をまぶす。れんこんは約5㎜厚さの半月切りにし、片栗粉をまぶす。

2 フライパンに深さ1㎝ほど米油を入れ、**1**のとり肉を中火で焼いたらいったん取り出す。

3 **2**のフライパンでれんこんを焼いたら余分な油を拭き取り、とり肉を戻し入れる。合わせ調味料を加えて全体をよくからめる。

4 器に盛り、好みで輪切りにしたねぎの青い部分をのせる。

鮭とじゃがいもの
ガーリックソテー

シンプルに味つけした鮭とじゃがいもに、爽やかなバジルを添えて。
じゃがいもをたっぷり使って、魚がメインでもボリューム感のある一品に。

材料（2〜3人分）

生鮭…2切れ
じゃがいも…3個
塩麹…大さじ1/2
にんにく（スライス）
　…1かけ分
バジル…5〜6枚
米粉…大さじ1
塩…適量
オリーブオイル
　…大さじ2

作り方

1　鮭は一口大に切り、塩麹で下味をつけ、米粉を両面にふる。じゃがいもは約5mm厚さの薄切りにする。

2　フライパンにオリーブオイル大さじ1、にんにくを入れて弱火で熱する。1の鮭を入れ中火で片面が焼けたら裏返し、両面を焼く。いったん取り出す。

3　2のフライパンにオリーブオイル大さじ1を足し、じゃがいもを加える。ふたをして中火で蒸し焼きにし、全体に火が通ったら塩をふる。

4　器に2の鮭と3のじゃがいもを盛り軽く混ぜ、バジルの葉をちぎってのせる。

鮭となすの
みぞれ煮

鮭を大根おろしのみぞれ煮で
さっぱりと。鮭となすを焼いたら
さっと煮るだけで完成するのも
うれしいポイント！

材料（2～3人分）

生鮭…2切れ
大根…300g
なす…3本
塩麹…大さじ1
万能ねぎ…適量
削りがつお…5g
米油…適量
米粉…適量
うす口醤油…大さじ1
本みりん…大さじ1
水…100ml

作り方

1 大根はすりおろす。

2 鮭は一口大に切って塩（分量外）をふり、少し置
き、出てきた水分を拭く。

3 なすは乱切り、万能ねぎは小口切りにする。

4 フライパンに米油を入れ、乱切りしたなすに軽
く米粉をまぶし中火で焼く。焼き色がついたら
取り出す。

5 フライパンに米油を足して米粉を軽くまぶした
　鮭を入れ、中火で皮目から焼き、4のなすを戻
　し入れる。

6 水を加え、塩麹、削りがつお、うす口醤油、本
　みりん、1を加えさっと煮て味をなじませる。

7 器に盛り、万能ねぎをちらす。

ツナじゃが

ツナとじゃがいもという、常備しやすい食材でできるお手軽レシピ。
まとめて煮るだけなのに、塩麹とツナでうまみたっぷりに仕上がります。

材料（2～3人分）

ツナ缶…小1缶（約70g）
じゃがいも…4個
塩麹…大さじ2と1/2
　　（じゃがいもの重量の10％）
酒…大さじ1
黒こしょう…適量
水…100㎖

作り方

1 じゃがいもは一口大に切る。

2 鍋にじゃがいも、塩麹、酒、水、ツナ缶を缶汁ごと入れて中火にかける。じゃがいもがやわらかくなるまで10分ほど煮る。

3 好みで黒こしょうをふって、全体を混ぜ合わせる。

かぼちゃのチヂミ 塩麹

細切りにしたかぼちゃを粉類と合わせて、こんがり焼いたチヂミに。
チーズのうまみも加わって、ついつい手がのびるおいしさです。

材料（2〜3人分）

かぼちゃ…1/8個（約200g）
生地
　卵…1個
　粉チーズ（またはピザ用チーズ）
　　…大さじ1
　塩麹…大さじ2
　豆板醤…小さじ1
　小麦粉…100g
　片栗粉…20g
　水…100㎖
青のり…少々
ごま油…適量

作り方

1 かぼちゃは皮をむき、細切りにする。

2 ボウルに生地の材料を入れ、1を加えてよく混ぜ合わせる。

3 フライパンにごま油を入れて中火で熱する。2の生地を流し込み、片面が焼けたら裏返し、両面をこんがり焼く。

4 器に盛り、青のりをふる。

> *memo*
>
> 食べるときにポン酢や酢醤油、ラー油をつけてもおいしい。

ハッシュドれんこん 塩麹

れんこんのみじん切りとすりおろしで、ハッシュドポテトならぬ
ハッシュドれんこんに。もっちり感の中にもれんこんの食感が楽しめる一品。

材料（2～3人分）

れんこん
　…15～20cm（約250～300g）
塩麹…大さじ1
おろしにんにく…小さじ1/2
片栗粉…大さじ5～6
米油…大さじ3

作り方

1 れんこんは1/3量をすりおろし、残りを粗みじん切りにする。

2 ボウルに**1**を入れ、片栗粉、塩麹、おろしにんにくを加え全体をよく混ぜ合わせる。

3 フライパンに米油を中火で熱し、**2**をスプーンですくい、厚さ1cm程度の平たい丸形に整えて入れる。

4 片面が焼けたら裏返し、両面をこんがり焼く。

にんじんしりしり

うまみが凝縮されたツナを使った、飽きのこないにんじんレシピ。
にんじんたっぷりで彩りもよいので、お弁当にもぴったり。

材料（2〜3人分）

ツナ缶…小1缶（約70g）
にんじん…2本
塩麹…大さじ2
おろしにんにく…少々
米油…適量

作り方

1 にんじんはスライサー（または包丁）でせん切りにする。

2 フライパンに米油を入れて熱し、中火でにんじんを炒める。

3 にんじんに火が通ったら、ツナ（缶汁ごと）、おろしにんにく、塩麹を加え、全体をさっと炒め合わせる。

れんこんのデリサラダ

マヨネーズを使わず、ヨーグルトで味つけしたサラダ。
野菜がごろごろ入っていて食べごたえも満点。冷凍枝豆を使えば時短に。

材料（2〜3人分）

れんこん…10㎝（約150g）
にんじん…1/2本
冷凍枝豆（さやつき）…100g
乾燥ひじき…5g
合わせ調味料
ヨーグルト（水切り）…80g
粒マスタード…小さじ1
塩…2g
黒こしょう…少々

作り方

1 れんこん、にんじんは、いちょう切りまたは半月切りの食べやすい大きさに切る。枝豆は解凍しさやから取り出す。乾燥ひじきは水でもどしてよく洗い、水けをしっかり切っておく。

2 鍋に湯を沸かし**1**のれんこん、にんじんを1〜2分さっとゆでて水けをきる。

3 **2**の粗熱がとれたら、合わせ調味料とあえる。**1**のひじき、枝豆も加え全体をよく混ぜ合わせる。

memo

ヨーグルトを水切りするときは、ボウルにざるを重ね、ざるの上にペーパータオルをしき、ヨーグルト160gをのせ、半日ほど冷蔵庫に置く。

第 **3** 章

家族が喜ぶ
王道メニューも簡単！

和・洋・中、どんなレシピでも、食材のうまみを引き出し、
コクや風味を加えておいしくしてくれるのが、
発酵調味料のすごいところ。
家族みんなが喜ぶ、王道のおかずを集めました。

ミートボールの
トマト煮

塩麹の味つけで、洋風メニューも
簡単に！　なんと火を使わずに、
電子レンジで完成できる、
忙しいときにもうれしい一品。

材料（2〜3人分）

肉だね
| 合いびき肉…300g
| **塩麹**…大さじ1
| パン粉…大さじ3
| 　（片栗粉大さじ1で代用可）
| 水…大さじ1
| 　（片栗粉の場合は入れない）
| ナツメグ…5〜6振り
| 黒こしょう…適量
野菜（ズッキーニ、パプリカなど）
　…合わせて約200g
ソース
| カットトマト缶…1缶（約400g）
| **塩麹**…大さじ2
粉チーズ・パセリ…適量

作り方

1 ポリ袋かボウルに、肉だねの材料をすべて入れ、粘りが出るまでもみ混ぜる。直径約3cmのボール形に丸める。

2 野菜は食べやすい大きさに切る。

3 耐熱容器にソースの材料を入れて混ぜ、1をのせたらふんわりとラップをかけて、電子レンジで10分ほど加熱する。

4 ミートボールを裏返し、**2**の野菜をのせ
てふんわりとラップをかけたら電子レン
ジで4分ほど加熱する（肉の中まで火が
通っていなければ追加で加熱する）。

5 軽く混ぜ、器に盛ったら好みで粉チーズ
やパセリをふる。

酒粕ホワイトソースの えびグラタン

ホワイトソースを作るときにぜひ使ってほしいのが酒粕。豆乳をベースに玉ねぎ麹と合わせることで、コクのあるホワイトソースに仕上がります。

材料（2〜3人分）

ホワイトソース
- 豆乳（成分無調整）…500㎖
- **酒粕**…大さじ2
- **玉ねぎ麹**…大さじ2
  （味を見て調整）
- 米粉…大さじ3
  （お好みの硬さに調整）
- こしょうまたは白こしょう…少々

むきえび…10尾
ブロッコリー…1個
ピザ用チーズ…適量

えびの下処理
- 塩…小さじ1/2
- 酒…大さじ1

作り方

1 ブロッコリーは小房に分けて電子レンジで2分ほど加熱する。えびはあれば背わたを取り、塩と酒をふりかけて、軽くもみこんでから流水で洗い、水けをきる。

2 ホワイトソースを作る。鍋に豆乳、米粉を入れ、粉っぽさがなくなるまでよく混ぜ合わせておく。

3 2の鍋を火にかけ、酒粕、玉ねぎ麹を入れて弱火でゆっくりとかき混ぜながらとろっとするまで混ぜながら加熱する。こしょうで味をととのえる。

4 耐熱容器に1を入れ、その上に3をかける。ピザ用チーズをふりかけ、魚焼きグリルまたはオーブントースターで10分ほど焼く。

---

memo

ホワイトソースは多めに作って保存も可能。その場合は保存容器に移して、冷蔵室に入れ、3〜4日で使い切って。パスタやスープなどによく合います。

かぼちゃのスコップコロッケ

パン粉をかけて焼くだけ！　普通のコロッケのように成形して揚げる
手間もなく、ヘルシーに仕上がります。塩麹とツナ缶でしっかり味に。

材料（2〜3人分）

ツナ缶…小1缶（約70g）
かぼちゃ…1/4個（約400g）
玉ねぎ…1/2個
塩麹…大さじ1と1/2
クミン…少々
パン粉…適量
粉チーズ…適量
オリーブオイル…適量
パセリ…適量

作り方

1 かぼちゃは皮をむき、一口大に切って耐熱ボウルに入れ、ふんわりとラップをかけて電子レンジで5分ほど加熱しやわらかくする。フォークなどでつぶす。

2 玉ねぎはみじん切りにし、耐熱の器に入れ、ふんわりとラップをかけて電子レンジで2分ほど加熱する。

3 **1**のボウルに**2**、ツナ缶（缶汁ごと）、塩麹、クミンを加え、全体をよく混ぜ合わせる。

4 **3**を耐熱皿に移し、パン粉、粉チーズ、オリーブオイルをふりかける。魚焼きグリルまたはオーブントースターで5分ほど、パン粉にこんがりと色がつくまで焼く。好みでパセリをふる。

> *memo*
>
> クミンがない場合は、カレー粉を使ってもおいしくできます。

揚げない酢豚

豚こま切れ肉に塩麹をまぶし丸めることで、やわらかくジューシー、そして
食べごたえある食感に。野菜にはさっと火を通して、歯ざわりよく。

材料（2～3人分）

豚こま切れ肉…250g
ピーマン…3個
玉ねぎ…大1/2個
にんじん…1/3本
塩麹…大さじ1
片栗粉…大さじ1
米油…大さじ1
合わせ調味料
┃ はちみつ…大さじ1
┃ トマトケチャップ…大さじ2
┃ 酢…大さじ1
┃ 醤油…大さじ1
┃ 水…大さじ1

作り方

1 ボウルかバットに豚こま切れ肉を入れて塩麹をまぶし、片栗粉を加えて全体を混ぜ合わせる。一口大に丸めやや平たく成形する。

2 ピーマン、玉ねぎは一口大に切る。にんじんは斜め薄切りにし、半分に切る。

3 フライパンに米油を入れ、**1**の豚肉を中火でこんがり焼く。**2**の野菜を加え、全体に火が通るまで炒める。

4 **3**に合わせ調味料を加える。全体に味がなじみ、とろみがついたら火を止める。

塩麻婆豆腐

塩麹の塩味とうまみで奥深い味に。
辛いのが好きならラー油や山椒を
加えるのもおすすめ。
ご飯にかけてもおいしい！

材料（2〜3人分）

豚ひき肉…200g
もめん豆腐…1丁（約350g）
長ねぎ…1/2本
しょうが（みじん切り）…1かけ分
にんにく（みじん切り）…1かけ分
赤とうがらし（輪切り）…適量
豆板醤…小さじ1
ごま油…大さじ1

合わせ調味料
　塩麹…大さじ1
　酢…大さじ1
　オイスターソース…小さじ1
　水…100㎖

水溶き片栗粉
　片栗粉…大さじ2
　水…大さじ2

作り方

1 もめん豆腐はペーパータオルで包んで約
30分おいて水切りする。長ねぎはみじ
ん切りにする。

2 フライパンにごま油、赤とうがらし、
しょうが、にんにくを入れ、香りが立っ
たら豚肉、豆板醤を加えて中火で炒める。

3　**1**の豆腐を2cm角に切り、**2**のフライパ
　　ンに合わせ調味料とともに加え、ひと煮
　　立ちさせる。

4　火を止めてから水溶き片栗粉をまわし入
　　れ、**1**の長ねぎの3/4量を加えてよく混
　　ぜる。再び火をつけてとろみをつける。

5　器に盛り、**4**で残しておいた長ねぎをの
　　せる。

とりチリ

さっぱりしたとりむね肉を、エビチリ風のソースであえて。
チリソースの味つけには、なんと甘酒が活躍します。

材料（2～3人分）

とりむね肉…1枚（約250g）
卵…2個
トマト…中1個
塩麹…25g（肉の重量の約10％）
万能ねぎ…適量
片栗粉…大さじ1
米油…大さじ1
合わせ調味料
| **甘酒**（濃縮タイプ）…大さじ2
| 豆板醤…小さじ1
| トマトケチャップ…大さじ2
| 片栗粉…小さじ2
| 水…100㎖

作り方

1 とり肉は一口大の薄いそぎ切りにし、塩麹をぬる。30分ほどおき、片栗粉をまぶしておく。トマトは湯むきし、食べやすい大きさに切る。卵は溶いておく。

2 フライパンに米油をひき、**1**のとり肉を弱火で焼く。

3 とり肉に焼き色がついたら裏返して端に寄せ、あいたところに**1**の溶き卵、トマトを入れてさっと炒める。

4 **3**のフライパンに合わせ調味料を加える。中火で煮立て、とろみをつける。

5 器に盛り、万能ねぎをちらす。

回鍋肉

特別な材料がなくても、
みそと甘酒だけで回鍋肉が完成。
大人も子どももご飯が進む、
しっかりした味つけに。

材料（2〜3人分）

豚こま切れ肉…300g
キャベツ…200g
ピーマン…3個
豆板醤…小さじ1
塩…少々
こしょう…少々
ごま油…大さじ1

合わせ調味料

甘酒（濃縮タイプ）
　…大さじ2
みそ…大さじ2
酒…大さじ2〜3
片栗粉…小さじ1

作り方

1 キャベツはざく切りにし、ピーマンは一口大に切る。豚こま切れ肉は塩、こしょうをふり、下味をつける。合わせ調味料の材料を混ぜ合わせる。

2 フライパンにごま油、豆板醤を入れて中火で熱する。香りが立ったら1の豚肉を加えて炒める。

3 豚肉の色が変わったら、1のキャベツ、ピーマンを加えてさらに炒める。

4 キャベツがしんなりしてきたら、合わせ調味料を加える。中火で汁けを飛ばすように炒める。

とり肉とたっぷり野菜のポトフ

たっぷりと野菜がとれるポトフを玉ねぎ麹で。
ごろごろ、ほくほくの野菜にスープがしみて体の芯からあたたまる。

材料（2〜3人分）

とりもも肉
　…1枚（約300g）
キャベツ…1/2個
にんじん…1/2本
ブロッコリー…1/2個
玉ねぎ麹…大さじ3
ローリエ…1枚
塩…少々
こしょう…少々
酒…大さじ1
オリーブオイル…大さじ1
水…800㎖

作り方

1 とりもも肉は一口大に切り、塩、こしょうを
まぶし酒をもみこむ。

2 キャベツは4等分のくし形切り、にんじんは
6㎝長さに切ってから縦4〜6等分に切る。
ブロッコリーは小房に分け、茎は皮をむき食
べやすい大きさに切る。

3 厚手の鍋にオリーブオイルを入れ、中火でと
りもも肉を焼き目がつくまで焼く。

4 3の鍋にキャベツ、にんじん、ブロッコリー
の茎、水、玉ねぎ麹、ローリエを加えて15
分ほど弱火で煮る。

5 4にブロッコリーの房を加えて5分ほど煮る。

スピード・キーマカレー

玉ねぎ麹とカレー粉で、本格キーマカレーが完成！
水を使わず、トマトジュースを使うのがポイント。

材料（2～3人分）

合いびき肉…300g
玉ねぎ…1/2個
マッシュルーム…5個
トマトジュース（食塩無添加）…100㎖
玉ねぎ麹…大さじ2
にんにく（みじん切り）…1かけ分
しょうが（みじん切り）…1かけ分
カレー粉…10g
米油…適量
パセリ…適量

作り方

1 玉ねぎはみじん切りにする。マッシュルームは縦薄切りにする。

2 フライパンに米油、にんにく、しょうがを入れて弱火で炒める。

3 2の香りが立ちはじめたら1、合いびき肉を加えて火が通るまで炒める。

4 カレー粉、トマトジュース、玉ねぎ麹を加え、ふたをして5分ほど煮込む。

5 器に盛り、好みでパセリをふる。

さば缶カレー 塩麹

栄養豊富なさば缶とトマト缶を使った簡単カレー。カレー粉と塩麹が
あればできるので、買い物に行けないときのお助けメニューにもぴったり。

材料（2〜3人分）

さば水煮缶…1缶（約200g）
玉ねぎ…1個
カットまたはホールトマト缶
　　…1缶（約400g）
塩麹…大さじ2
カレー粉…大さじ1と1/2
米油…大さじ1

作り方

1 玉ねぎはみじん切りにする。

2 フライパンに米油を入れ、**1**を中火で炒
める。玉ねぎが透き通ったらカレー粉を
加え、全体をよく炒め合わせる。

3 **2**にさば水煮缶を缶汁ごと、トマト缶、
塩麹を加えてさばをくずしながら全体を
よく混ぜ合わせる。

4 中火で10分ほど煮込む。

なんちゃってポテトサラダ

食物繊維たっぷりの生おからをポテトサラダ風にアレンジ。
ポテトサラダよりも短時間で完成、しかもヘルシーな一品。

材料（2〜3人分）

生おから…100g
ハム…4枚
きゅうり…1/2本
にんじん…1/3本
ヨーグルトソース
  ヨーグルト…60g
  玉ねぎ…1/4個
  粒マスタード…小さじ1
  塩…2g
  こしょう…少々

作り方

1 きゅうりは2mm厚さの小口切りにする。にんじんは短冊切りにしてふんわりとラップをかけ、電子レンジで1分ほど加熱しやわらかくする。ハムは食べやすい大きさに切る。

2 玉ねぎを粗みじんに切る。ボウルにヨーグルトソースの材料をすべて入れて混ぜる。生おから、**1**を加える。味を見て、薄ければ塩適量（分量外）でととのえる。

memo

玉ねぎが辛いときは水にさらし、よく水けを切ってから使います。ハムのかわりにツナにしたり、コーンやゆで卵を足しても。

第 **4** 章

しっとり・味しみが おいしい作り置き

食材をやわらかく、しっかり味つけしてくれる
発酵調味料は、作り置きにも向いています。
時間が経ってもおいしくいただけるので、
おかずに、お弁当にと大活躍。

塩麹のサラダチキン

肉をやわらかくしてくれる塩麹は、サラダチキンにもうってつけ！
そのまま食べておいしいのはもちろん、サラダやサンドイッチにしても。

材料（2～3人分）

とりむね肉…1枚（約250g）
塩麹…25g（肉の重量の約10％）
レモン汁…大さじ1
酒…大さじ1
黒こしょう…適量

memo

熱湯に入れるので、加熱可能な袋
を使用してください。塩麹につけ
る時間は長くてもよいですが、そ
の場合は冷蔵室に入れ、湯に入れ
るときは常温に戻してから入れます。

作り方

1 とりむね肉は皮と余分な脂を取り除き、
フォークで数カ所刺して穴をあける。

2 ポリ袋またはファスナーつき保存袋に1、
塩麹、レモン汁、酒、黒こしょうを加え
てよくもみ込む。常温で30分ほどおく。

3 大きめの鍋にたっぷりの湯2L（分量外）
を沸かしたら2を袋ごと鍋に入れ、火を
止める。ふたをして1時間ほどおく。鍋
の中で袋が浮いてくる場合は、皿など重
しをのせて、肉全体が湯に浸かるように
する。

4 鍋から取り出し、粗熱がとれたら好みの
大きさや厚みに切る。

おからのチキンナゲット 塩麹

食物繊維豊富なおからを使った罪悪感なしのチキンナゲット。
大人のおつまみに、子どものおやつに、お弁当のおかずにと大活躍するはず。

材料（2〜3人分）

たね
- とりむねひき肉…250g
- 生おから…100g
- 卵…1個
- **塩麹**…大さじ1
- おろしにんにく…少々
- こしょう…少々

米油…適量

作り方

1 ボウルにたねの材料を入れ、全体を混ぜ合わせる。12等分にし、厚さ1.5cmほどの小判形に成形する。

2 フライパンに米油を深さ1〜2cmほど入れ、160〜170℃に熱したら、**1**を入れ、両面がこんがりするまで揚げ焼きにする。

豆腐ハンバーグ 塩麹

豆腐をたっぷり使い、さらにひじきも入ったヘルシーなハンバーグ。
メインのおかずにがっつり食べられるボリューム感です。

材料（2～3人分）

豚ひき肉…200g
卵…1個
もめん豆腐…1丁
　（約350g）
乾燥ひじき…5g
塩麹…大さじ2
醤油…大さじ1
本みりん…大さじ1
片栗粉…大さじ2
米油…適量

作り方

1 もめん豆腐はペーパータオルで包んで約30分おいて水切りする。乾燥ひじきは水でもどしてよく洗い、水けをしっかり切っておく。

2 ボウルに豚ひき肉、1を細かくほぐしながら入れ、卵、片栗粉、塩麹を加えて全体をよく混ぜ合わせる。好みの大きさの円またはだ円形に成形する。

3 フライパンに少量の米油を入れて中火で熱し、2を並べ入れる。ふたをして4分焼き、裏返したらふたをしてさらに4分焼く。

4 3に醤油、本みりんを加え、全体にからめる。

とり肉のチャーシュー風

醤油麹の合わせ調味料をとり肉にからめるだけで、本格的に煮たような
味わいに。火を使わずに完成する、忙しい日に重宝するレシピ。

材料（2～3人分）

とりもも肉…1枚（約300g）
合わせ調味料
　醤油麹…大さじ2
　　　　（肉の重量の約10％）
　おろししょうが…10g
　本みりん…大さじ2

作り方

1 とりもも肉は厚いところに切り目を入れて厚
　さを均一にし、皮目にフォークで数カ所刺し
　て穴をあける。耐熱皿に広げてのせ、合わせ
　調味料をかける。

2 1にラップをふんわりとかけ、電子レンジで
　6分～6分30秒ほど加熱する。

3 2のとり肉を取り出して器に盛り、耐熱皿に
　残った調味料をラップをかけずに電子レンジ
　で1～2分ほど加熱し煮詰める。

4 残った汁をとり肉にからめる。

豆腐の肉巻きステーキ 塩麹

もめん豆腐に豚肉を巻いて、ボリューム感のある肉おかずに。
塩麹を使い、少ない調味料でもしっかりした味つけに仕上げます。

材料（2〜3人分）

豚バラ薄切り肉…250g
もめん豆腐
　…1丁（約350g）
塩麹…小さじ2
醤油…大さじ2
本みりん…大さじ2
片栗粉…大さじ1

作り方

1 もめん豆腐はペーパータオルで包んで約30分おいて水切りする。豚バラ薄切り肉は長ければ約10cm長さに切り、塩麹を薄くぬっておく。

2 豆腐は横半分に切ってから縦に4〜5等分にして、一口大に切る。豚肉を広げ、豆腐の長い辺の方向に巻きつける。次に短い辺の方向にもう1枚豚肉を巻く。巻き終わったら、塩、こしょう（分量外）を片面にふりかける。両面に片栗粉をまぶす。

3 フライパンに少量の米油（分量外）を入れ、中火で2を焼いていく。

4 3に醤油、本みりんを加え、全体にからめる。

鮭の南蛮漬け 塩麹

酢の酸味に、はちみつのまろやかな甘みが相性抜群な南蛮漬け。
塩麹の下味をつけた鮭は片栗粉をまぶして焼いているので味もよくからみます。

材料（2〜3人分）

生鮭…3切れ
玉ねぎ…1/4個
塩麹…大さじ1
片栗粉…大さじ2
米油…大さじ2
合わせ調味料
| はちみつ…大さじ1
| 酢…大さじ2
| 醤油…大さじ2

作り方

1 生鮭は一口大に切り、塩麹をすり込んで30分ほどおく。玉ねぎは薄切りにする。

2 1の鮭に片栗粉をまぶす。フライパンに米油をひき、中火で両面がこんがりするまで焼く。

3 ボウルまたは保存容器に合わせ調味料の材料を入れて混ぜる。玉ねぎ、2を入れて粗熱が取れたら冷蔵室に入れ1時間ほど漬け込む。

ラタトゥイユ 塩麹

洋風の煮込み料理にも塩麹が活躍。野菜の甘みを引き出してくれます。
そのまま食べるのはもちろん、パスタのソースや肉料理に添えても。

材料（2〜3人分）

なす…2本
ズッキーニ…1本
ピーマン…2個
赤パプリカ…1個
黄パプリカ…1個
玉ねぎ…1/2個
にんにく…1かけ
オリーブオイル
　…大さじ2

スープ
ホールトマト缶
　…1/2缶（約200g）
塩麹…大さじ2
ローリエ…1〜2枚
オレガノ（粉）…少々
白ワイン…50㎖

作り方

1　なすは縦半分に切り、1㎝厚さの半月切りにする。ズッキーニは1㎝厚さの輪切り、ピーマン、パプリカ、玉ねぎは一口大に切る。にんにくは包丁の腹でつぶしておく。

2　鍋にオリーブオイル、**1**のにんにくを入れて弱火で香りが立つまで炒める。

3　**2**の鍋に**1**、スープの材料を加えたら、ふたをして20分ほど煮る。

ブロッコリーとミニトマトの スペイン風オムレツ

ブロッコリーとミニトマトが食卓を華やかにしてくれます。
オーブントースターや魚焼きグリルでほったらかしで仕上がるのもいいところ。

材料（2〜3人分）

卵…4個
ツナ缶…小1缶（約70g）
ブロッコリー…1/2個
ミニトマト…6〜7個
玉ねぎ麹…大さじ1と1/2
黒こしょう…少々

作り方

1 ブロッコリーは小房に分け、ミニトマトは半分に切る。

2 ボウルに卵を割り入れ、**1**、ツナ缶（缶汁ごと）、玉ねぎ麹、黒こしょうを加えて混ぜ合わせる。

3 耐熱皿に**2**の卵液を流し入れる。オーブントースターまたは魚焼きグリルで15分ほど焼く。オーブンの場合は200℃に予熱し20分ほど焼く。

memo

竹串を刺して中まで火が通ったか確認する。焦げそうなときはアルミホイルを被せて、様子を見ながら加熱時間を延長する。

万能トマトソース 塩麹

肉料理にもパスタにも合う便利なトマトソースも塩麹で完成！
シンプルな材料でできるので、作り置きにぴったり。

材料（作りやすい分量）

カットトマト缶…1缶(400g)
玉ねぎ…1個
塩麹…大さじ3
おろしにんにく…1かけ分
オリーブオイル…大さじ2

作り方

1 玉ねぎはみじん切りにする。

2 フライパンにオリーブオイルを入れ、中火で**1**を炒める。

3 玉ねぎが透き通ったらトマト缶を加え、塩麹、おろしにんにくを加え5分ほど煮る。

> **memo**
>
> パスタソースとして使う場合は、味を見て好みで塩麹を足すのがおすすめ。

れんこんの塩きんぴら 塩麹

塩麹のうまみと、野菜の甘みで砂糖やみりんいらずの簡単きんぴら！
れんこんは皮も栄養価が高いので、そのまま使うのがおすすめ。

材料（2〜3人分）

れんこん…15㎝（約250g）
にんじん…1/3本
塩麹…大さじ2
赤とうがらし（輪切り）…適量
黒いりごま…大さじ1
米油…大さじ1
ごま油…適量

作り方

1 れんこんは洗ったあと（洗い方はP51参照）皮つきのまま約3㎜厚さの半月切り、にんじんは短冊切りにする。

2 フライパンに米油を入れて中火にかけ、赤とうがらし、1を加えて油がまわるまでさっと炒める。

3 2にふたをして弱火で5分ほど蒸し焼きにし、食材全体に火が通ったら、塩麹、黒いりごま、ごま油を加えて全体になじむように炒める。

きのこのマリネ 塩麹

食物繊維が豊富に含まれるきのこをたっぷり使った、"菌トレ"にもイチオシの
レシピ。きのこはどの種類でもよいので、合わせて400g程度用意します。

材料（作りやすい分量）

エリンギ…2本
マッシュルーム…6個
しめじ…1パック
まいたけ…1パック
にんにく（みじん切り）…1かけ分
醤油…小さじ1
オリーブオイル…大さじ1
マリネ液
  塩麹…小さじ2
  粒マスタード…小さじ2
  酢…大さじ2
  オリーブオイル…大さじ1
  黒こしょう…少々
パセリ…適量

作り方

1 エリンギ、マッシュルームは5mm厚さに
スライスする。しめじ、まいたけはほぐ
す。ボウルにマリネ液の材料をすべて入
れて混ぜておく。

2 フライパンにオリーブオイル、にんにく
を入れて弱火にかけて香りが立ったら、
1のきのこを加える。中火にし、しっか
りと焼き色がつくまで炒める。醤油を加
え、軽く炒める。

3 マリネ液を入れたボウルに**2**を加えて混
ぜる。

4 食べるときにパセリをちらす。

パプリカの焼きマリネ 塩麹

焼いて甘みが増したパプリカは、爽やかなマリネ液にぴったり。
彩りもよいので、普段の食卓はもちろん、お弁当にもおすすめ。

材料（作りやすい分量）

赤パプリカ…1個
黄パプリカ…1個
オリーブオイル…大さじ1〜2
マリネ液
　塩麹…小さじ2
　粒マスタード…小さじ2
　酢…大さじ2
　オリーブオイル…大さじ1
　黒こしょう…少々
イタリアンパセリ…適量

作り方

1　パプリカはそれぞれ縦半分に切って、縦に細切りにする。ボウルにマリネ液の材料をすべて入れて混ぜておく。

2　フライパンにオリーブオイルを入れて熱し、1のパプリカを入れて焼き色がつくまで焼く。

3　2の火を止めたら熱いうちにマリネ液の入ったボウルに入れて混ぜる。

4　器に盛り、好みでイタリアンパセリをちぎってちらす。

にんじんグラッセ 塩麹

塩麹と本みりんにバターを加えて、にんじんの甘みを楽しむグラッセに。
肉料理のつけ合わせなどにぴったり。冷やして食べてもおいしい。

材料（2〜3人分）

にんじん…2本
塩麹…小さじ1と1/2
本みりん…大さじ3
バター…10g
米油…適量
水…100mℓ

作り方

1 にんじんは1cm厚さの輪切りにし、角を切り
落とし面取りする。

2 フライパンに米油を入れ、**1**を中火で両面に
色がつくまで焼く。

3 **2**に塩麹、本みりん、バター、水を加えてふ
たをする。弱火でにんじんがやわらかくなる
まで煮る。

さつまいものレモンマリネ 塩麹

甘いさつまいもを、お酢を使わずレモンのマリネですっきりと。
さつまいもには食物繊維が豊富に含まれているので、"菌トレ"にもぴったり。

材料（2〜3人分）

さつまいも…大1本（約300g）
ミックスナッツ（無塩または製菓用）
　　…30g
塩麹…大さじ1
レモン汁…大さじ1
オリーブオイル…大さじ1
水…100㎖

作り方

1　さつまいもは皮つきのまま一口大に切る。ミックスナッツはポリ袋に入れてめん棒などで砕く。

2　鍋に**1**のさつまいも、塩麹、水を入れ、ふたをして中火にかける。

3　さつまいもに火が通ったらふたを取って水分を飛ばし、火を止める。レモン汁、オリーブオイル、**1**のナッツを加えて混ぜ合わせる。

揚げない大学いも

揚げなくても、蒸し焼きでさつまいもをカリッとさせて。
最後に酢を入れることで、冷めてもくっつきにくくなります。

材料（2〜3人分）

さつまいも…大1本（約300g）
酢…小さじ1
砂糖…大さじ2
黒いりごま…少々
米油…大さじ2

作り方

1 さつまいもは皮つきのまま一口大の乱切りにする。

2 フライパンに米油、砂糖、さつまいもを入れ、全体をよく混ぜてからふたをして火をつける。

3 中火で5分ほど蒸し焼きにしたあと、全体を混ぜ、さつまいもに火が通るまで炒める。

4 さつまいもに火が通ったら、酢をまわし入れ、酸味を飛ばす。黒いりごまをふる。

きゅうりと切り干し大根の即席キムチ

塩麹ほか発酵調味料で、
手作りの即席キムチができるんです！
きゅうりと切り干し大根で
食感もよく、やみつきになる味。

材料（作りやすい分量）

きゅうり…2本
切り干し大根…30g

合わせ調味料

塩麹…大さじ1
甘酒（濃縮タイプ）…大さじ1
いしる…小さじ2〜3
おろしにんにく…小さじ1
おろししょうが…小さじ1
韓国とうがらし（粉）…大さじ1
　　※一味とうがらしの場合は小さじ
　　1/2程度

作り方

1　菜箸を置いて間にきゅうりをはさみ、箸に包丁が当たるまで約2mm幅に斜めに切り目を入れる。端まで切り目を入れたら、ひっくり返し、同じ向きで斜めに切り目を入れ、じゃばら状にしたら、約2cm長さに切る。

2 切り干し大根は水でもどしてよく洗い、
水けをしっかりきっておく。

3 ポリ袋に1、2を入れて合わせ調味料を
加え、よくもみ込む。

4 冷蔵室に入れ1時間以上置いたら完成。

memo

いしるの代用に刻んだいかの塩辛
と醤油（大さじ1）にしてもおいし
い。

切り干し大根のナポリタン

切り干し大根にはじつはケチャップがとっても合う！ ナポリタンパスタの
具と合わせて、罪悪感なし、和洋なんにでも合わせやすいおかずに。

材料（2〜3人分）

ハム…4枚
切り干し大根…30g
玉ねぎ…1/2個
ピーマン…1個
塩麹…大さじ1
トマトケチャップ…大さじ2
粉チーズ…大さじ2
オリーブオイル…大さじ1

作り方

1 切り干し大根は水でもどしてよく洗い、水けをしっかり切っておく。

2 玉ねぎは薄切り、ピーマン、ハムは細切りにする。

3 フライパンにオリーブオイルを入れ、**2**の玉ねぎ、ピーマンを加え、中火で玉ねぎに火が通るまで炒める。

4 **3**のフライパンに**1**の切り干し大根、ハムを入れ、塩麹、ケチャップ、粉チーズを加えて全体になじむように炒める。

第 5 章

あと1品ほしいときの
スピード副菜

あと1品ほしいときにも、発酵調味料が大活躍。
少ない種類の調味料で味が決まるので、
手持ちの野菜と合わせてパパッと1品が完成できるうえ、
味が物足りなくなる心配もありません。

やみつきキャベツ 塩麹

塩麹があれば、ごま油と一緒にキャベツをあえるだけで一品完成！
5分でできるスピード料理で、おつまみにもおすすめ。

材料（2～3人分）

キャベツ…150g（約1/4個）

塩麹…15g
　（キャベツの重量の約10％）

白いりごま…大さじ1

ごま油…大さじ1/2

作り方

1　キャベツは洗ってペーパータオルで水け
　をよく拭き取り、一口大に切る。

2　ボウルに、1と塩麹、ごま油、白いりご
　まを入れ、よく混ぜ合わせる。

豆苗と豆腐の塩麹サラダ 塩麹

塩麹をシンプルなドレッシングに。栄養豊富な豆苗をメインに
豆腐をプラスして、栄養バランスのよいパワーサラダが完成！

材料（2〜3人分）

絹ごし豆腐…1/2丁（約180g）

豆苗…1袋

ミニトマト…5〜6個

ミックスナッツ（無塩または製菓用）
…適量

ドレッシング

塩麹…大さじ1と1/2

おろしにんにく…適量

オリーブオイル…大さじ1

酢…小さじ2

作り方

1 絹ごし豆腐はペーパータオルで水けを拭き、約1.5cm角に切る。豆苗は3cm長さに切り、ミニトマトは半分に切る。ナッツはポリ袋に入れてめん棒などで砕く。

2 ボウルにドレッシングの材料を入れて混ぜ、ナッツ以外の1を加えて全体を混ぜ合わせる。

3 器に盛り、1のナッツをふりかける。

白菜のコールスロー 塩麹

練りごまの香りとクリーミーな味わいを生かしたコールスロー。
切り干し大根とにんじんを使って、火を使わずに完成します。

材料（2～3人分）

白菜…4枚（約230g）
にんじん…1/4本
切り干し大根…30g
塩麹…大さじ1
練りごま…大さじ1
レモン汁…小さじ1
白いりごま…適量
オリーブオイル…小さじ2

作り方

1 白菜は細切りにする。切り干し大根は水でもどして洗い、食べやすい長さに切る。

2 ボウルに**1**の白菜を入れ、塩麹を混ぜ合わせて15分ほど置き、白菜がしんなりしたら水けを絞る。

3 **2**のボウルに、**1**の切り干し大根を加える。にんじんをスライサーでせん切りにしながら加え、レモン汁、練りごま、オリーブオイルを入れて全体をよく混ぜ合わせる。好みで白いりごまをふりかける。

白菜のじゃこサラダ 塩麹

ちりめんじゃこはフライパンで炒ってカリカリ食感に。
じゃこでカルシウムもとることができ、栄養面でもバランスよく。

材料（2〜3人分）

白菜…4枚（約230g）
ちりめんじゃこ…50g
塩麹…大さじ1
白いりごま…大さじ1
ごま油…大さじ1

作り方

1 白菜を約1cm幅に切り、塩麹を混ぜ合わせて15分ほど置き、しんなりさせる。
2 1の水けを絞り、器に盛る。
3 フライパンにごま油を入れて熱し、ちりめんじゃこを加えてカリカリになるまで炒める。
4 2の上に、3のちりめんじゃこ、その上に白いりごまをふりかける。

オクラと長芋の梅塩麹あえ 🏺塩麹

ねばねば野菜のオクラと長芋が主役。梅のさっぱり感と塩麹もベストマッチ。
塩麹の量を調整し濃いめに仕上げれば、ご飯のおともにも！

材料（2〜3人分）

オクラ…1袋（7〜8本）
長いも…350g
梅干し（果肉）…15〜20g
塩麹…大さじ1と1/2
削りがつお…適量

作り方

1 オクラは塩少々（分量外）をふって板ずりし、さっと洗う。熱湯で1分〜1分30秒ゆで、ざるにあげ粗熱をとる。粗熱がとれたら5mm幅に切る。長いもは1〜1.5cm角に切る。梅干しは包丁で粗めに刻む。

2 ボウルに**1**、塩麹を入れて全体をよく混ぜ合わせる。器に盛り、好みで削りがつおをふる。

トマトとオクラの塩麹マリネ 🏺塩麹

ゴロゴロと入ったトマトがボリューミー♪ 塩麹を使った合わせ調味料は、
万能な味つけドレッシングなので、生野菜のサラダなどにも。

材料（2～3人分）

トマト…大2個（約360g）
オクラ…1袋（7～8本）
合わせ調味料
　塩麹…大さじ2
　粒マスタード…小さじ1
　オリーブオイル…大さじ1
　酢…小さじ1

作り方

1 トマトは一口大に切る。オクラは塩少々
（分量外）をふって板ずりし、さっと洗う。
熱湯で1分～1分30秒ゆで、ざるにあげ
粗熱をとる。粗熱がとれたら5mm幅に切
る。

2 ボウルに合わせ調味料と**1**を加えて、よ
く混ぜ合わせる。

たたききゅうりの塩麹あえ

塩麹にしょうが、ごま油の風味がアクセントの、爽やかな一品。
冷蔵庫で30分ほど冷やしてもおいしく、おつまみにもOK。

材料（2~3人分）

きゅうり…2本

合わせ調味料

> **塩麹**…大さじ1
> おろししょうが…小さじ1
> 赤とうがらし（輪切り）…小さじ1
> 白いりごま…小さじ1
> 酢…小さじ1
> ごま油…大さじ2

作り方

1 きゅうりは塩少々（分量外）をふって板ずりする。水でさっと洗い流し、水けを拭き取ったらめん棒などで軽くたたき、一口大に割る。

2 ボウルに合わせ調味料を入れ、**1**を加え、全体をよく混ぜてしっかりあえる。

きゅうりとわかめのもずく酢あえ 塩麹

市販のもずく酢にきゅうりとわかめを加えて、さっぱりしたあえ物に。
塩麹を使うことで、むらなく味がなじみます。

材料（2〜3人分）

きゅうり…2本
生わかめ…100g
もずく酢…2パック（約60g×2）
塩麹…小さじ2
おろししょうが…大さじ1/2
ごま油…小さじ2

作り方

1 きゅうりは斜めに切り目を入れ、2cm長さに切る。生わかめは食べやすい大きさに切る。

2 ボウルにきゅうりと塩麹を入れて混ぜ、全体がしんなりするまで10分ほど置く。

3 2の水分を捨て、わかめ、もずく酢つゆごと、おろししょうが、ごま油を入れ全体を混ぜ合わせる。

切り干し大根のサラダ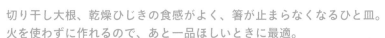

切り干し大根、乾燥ひじきの食感がよく、箸が止まらなくなるひと皿。
火を使わずに作れるので、あと一品ほしいときに最適。

材料（2〜3人分）

切り干し大根…30g
きゅうり…1/2本
にんじん…1/3本
乾燥ひじき…5g
合わせ調味料
│ 塩麹…大さじ1と1/2
│ 米酢…大さじ2
│ ごま油…大さじ1と1/2

作り方

1 切り干し大根、乾燥ひじきはそれぞれ水でもどしてよく洗い、水けをしっかり切っておく。切り干し大根は長ければ食べやすい長さに切る。

2 きゅうり、にんじんは細切りにする。

3 ボウルに合わせ調味料の材料を入れて混ぜる。1と2を加え、全体をよく混ぜ合わせる。

大根の梅青じそあえ 塩麹

塩麹と梅干しの酸味がきいたさっぱり味。青じそは食べる直前に加えると
香りよく仕上がります。麺料理のトッピングにもおすすめ。

材料（2〜3人分）

大根…1/4本（約200g）

梅干し…2個

青じそ…5枚

塩麹…大さじ1

memo

好みでごま油をひとまわし加えて
も。

作り方

1 大根はせん切りにし、ボウルに入れて塩麹を混ぜ合わせて15分ほど置き、しんなりしたら水けを絞る。

2 梅干しは種を除いて包丁でたたく。青じそはせん切りにする。

3 1のボウルに2を加えて、全体をよく混ぜ合わせる。

かぼちゃのデリサラダ

甘くてほくほくのかぼちゃのやさしい甘みと、ヨーグルトの酸味が絶妙。
ヨーグルトは水切りするので、水っぽくなる心配もなく、クリーミーなサラダに。

材料（2～3人分）

かぼちゃ…1/4個（約400g）
ヨーグルト（水切り）（P60参照）
　…80g
レーズン…適量
かぼちゃの種…適量
塩…2g
粒マスタード…小さじ1

作り方

1　かぼちゃは皮をむき、一口大に切って耐熱ボウルに入れ、ふんわりとラップをかけて電子レンジで5分ほど加熱したら粗熱をとる。

2　1にヨーグルト、塩、粒マスタード、レーズン、かぼちゃの種を加え、全体をよく混ぜ合わせる。

コロコロ大根ナムル

ごま油が香るナムルも、塩麹を使えば味つけが簡単。火を使わず、
大根の食感が楽しめるので、ついつい箸が止まらなくなるはず。

材料（作りやすい分量）

大根…1/4本（約200g）
長ねぎ…1/4本（約25g）
塩…小さじ1/4
合わせ調味料

　塩麹…大さじ1
　おろしにんにく…適量
　白いりごま…大さじ1/2
　酢…大さじ1/2
　ごま油…大さじ1/2

作り方

1 大根は皮をむいて1.5cm角に切る。長ね
ぎはみじん切りにする。

2 ボウルに1の大根を入れ、塩を加えもみ
込み、15〜30分置く。出てきた水けを
しっかり絞り、ペーパータオルでおさえ
て水けを切る。

3 別のボウルに合わせ調味料の材料を混ぜ
る。1の長ねぎと2の大根を加え、全体
を混ぜ合わせる。

塩麹のやみつきにら

豆板醤とにんにく、ごま油がきいたピリ辛味がクセになる一品。ラーメンをはじめとする麺類や豆腐のトッピング、肉や野菜と炒め物に使っても◎。

材料（作りやすい分量）

にら…2わ（約200g）

合わせ調味料

　塩麹…大さじ1

　にんにく（みじん切りまたはおろし）
　　…2かけ分

　白いりごま…大さじ2

　豆板醤…小さじ2

　醤油…大さじ1

　ごま油…大さじ2

作り方

1 にらは4〜5cm長さに切る。

2 ボウルに合わせ調味料を入れ、**1**を加え、全体をよく混ぜてしっかりあえる。冷蔵室で半日ほど置く。

アボカド納豆 醤油麹

最強の"菌トレ"食材といえる納豆は、あと一品ほしいときにも便利な食材。
アボカドと醤油麹で、意外にパンとも好相性なメニューに早変わり。

材料（2〜3人分）

アボカド…1個
納豆…2パック
バゲット…適量
ミックスナッツ（無塩または製菓用）
　…適量
醤油麹…大さじ1と1/2

作り方

1　アボカドは縦半分に切って種を除き、横に約1cm幅に切る。ナッツはポリ袋に入れてめん棒などで砕く。

2　ボウルに1のアボカド、納豆、醤油麹を加え、全体をよく混ぜ合わせる。1のナッツをふりかける。カットしたバゲットにのせていただく。

ブロッコリーのペペロンチーノ風 （塩麹）

オリーブオイルと相性のよいブロッコリーを、塩麹で味つけ。
作り置きして、お弁当の彩りに入れても。

材料（2〜3人分）

ブロッコリー…1個
塩麹…大さじ1
にんにく（みじん切り）…1かけ分
赤とうがらし（輪切り）…適量
オリーブオイル…大さじ2

作り方

1 ブロッコリーは小房に分け、茎は皮をむき食べやすい大きさに切る。

2 フライパンにオリーブオイルを入れ、赤とうがらし、にんにくを加え、弱火で熱する。香りが立ったら1を加え、ふたをして約2分蒸し焼きにする（焦げそうな場合は水大さじ2程度〈分量外〉を入れる）。

3 塩麹を入れ、全体になじむようさっと炒める。

れんこんの青のり炒め 塩麹

塩麹と青のりだけで味つけする、野菜の味が引き立つ副菜。シンプルな
味つけだからこそ、れんこんの食感が引き立ちます。

材料（2～3人分）

れんこん…15cm（約250g）
青のり…適量
塩麹…大さじ1
ごま油…大さじ1

---

memo

れんこんの皮には食物繊維やポリフェ
ノールなどの栄養が含まれるので、炒
めて調理するときは皮つきがおすすめ。

作り方

1 れんこんは洗ったあと（洗い方はP51参
照）皮つきのまま約5mm厚さのいちょう
切りにし、酢水（分量外）にさらしておく。

2 フライパンにごま油を入れて中火にかけ
る。**1**の水けを切り、フライパンで全体
に油がまわるまでさっと炒め、ふたをす
る。

3 れんこんに火が通ったら塩麹を加え、全
体に味をなじませる。青のりをふりかけ、
全体をざっとまぜる。

白ねぎの南蛮漬け

加熱することでとろりとした食感、そして甘みが何倍にも増すねぎ。
表面に焼き色をつけることで、香ばしく。

材料（2〜3人分）

長ねぎ（白い部分）…3本分
赤とうがらし（輪切り）…少々
ごま油…大さじ1
合わせ調味料
　酢…大さじ2
　本みりん…大さじ2
　醤油…大さじ2

作り方

1　長ねぎは5cmほどの長さに切る。
2　フライパンにごま油を入れ、中火で1の
　　表面をこんがり焼く。
3　2に合わせ調味料の材料、赤とうがらし
　　を入れ、ひと煮立ちしたら火を止める。

memo

できたてもおいしいですが、冷蔵
室に1〜2日置いて漬けこんでも
良いです。

第 **6** 章

これさえあればOK!の
ご飯とスープ

今夜のおかずが思いつかない、そんなときには、
野菜たっぷりの炊き込みご飯やスープの出番!
メインのおかずにも負けないボリュームで、
ぐっと健康的な献立をかなえてくれます。

memo
にんにくはみじん切りやすりおろしを使ってもOK。

まいたけとねぎの炊き込みご飯

きのこの中でも香りのよい、まいたけの炊き込みご飯。塩麹、にんにく、
醤油をプラスしてしっかり味に。仕上げに長ねぎをたっぷり加えて。

材料（4人分）

米…2合
まいたけ…1パック（約100g）
長ねぎ…100g
塩麹…大さじ2
にんにく（スライス）…1〜2かけ分
醤油…大さじ1/2
黒こしょう…適量
ごま油…大さじ1/2

作り方

1. 炊飯器の内釜に洗った米、水（分量外）を目盛りまで入れて約30分置く。まいたけはほぐし、長ねぎは小口切りにする。

2. 内釜にまいたけ、塩麹、にんにく、醤油を加えて普通コースで炊く。

3. 炊き上がったら1の長ねぎ、ごま油を加え、さっくりと混ぜる。器に盛り、好みで黒こしょうをふる。

れんこんの炊き込みご飯

れんこんとにんじん、2つの根菜で食物繊維も栄養も豊富な炊き込みご飯。
醤油麹を使うことで、しっかり濃厚な味に仕上がります。

材料（4人分）

米…2合
油揚げ…1枚（約30g）
れんこん…5cm（約100g）
にんじん…1/4本
醤油麹…大さじ1と1/2
塩…少々
しょうが（せん切り）…適量

作り方

1 炊飯器の内釜に洗った米、水（分量外）を入れて約30分置く。れんこんは約5mm厚さのいちょう切り、にんじんは細切りにする。油揚げはペーパータオルで油を拭き取ってから細切りにする。

2 内釜にれんこん、にんじん、油揚げ、醤油麹、塩を加えて普通コースで炊く。炊き上がったら全体をさっくりと混ぜる。

3 器に盛り、好みでせん切りにしたしょうがをのせる。

memo

鮭など魚の切り身を足しても。その際は塩鮭ではなく生鮭を使う。

枝豆の炊き込みご飯 塩麹

冷凍の枝豆を最後に混ぜるだけの簡単な一品。
しょうがと塩麹を入れたほどよい塩けのご飯はつい箸が進みます。

材料（4人分）

米…2合
冷凍枝豆（さやつき）…120g
乾燥ひじき…5g
塩麹…大さじ2
しょうが…1かけ

作り方

1 炊飯器の内釜に洗った米、水（分量外）を
目盛りまで入れて約30分置く。枝豆は
解凍し、さやから取り出す。乾燥ひじき
は水でもどしてよく洗い、水けをしっか
り切っておく。しょうがは皮をむきせん
切りにする。

2 内釜に**1**のひじきとしょうが、塩麹を加
えて普通コースで炊く。炊き上がったら
枝豆を加えて全体をさっくりと混ぜる。

炊飯器で作るカオマンガイ

炊飯器ひとつで、一度にご飯とおかずが完成するうれしいレシピ。
塩麹の力でとり肉はふっくらやわらかに。とりの風味がしみたご飯は絶品。

材料（4人分）

米…2合
とりもも肉…1枚（約300g）
長ねぎ（青い部分）…1/2本分
塩麹…30g（肉の重量の約10％）
おろしにんにく…少々
たれ

　長ねぎ（白い部分）…1/2本分
　いしる…大さじ1と1/2
　レモン汁…大さじ1と1/2
　ごま油…大さじ1

作り方

1　炊飯器の内釜に洗った米、水（分量外）を目盛りまで入れて約30分置く。とりもも肉は厚いところに切り目を入れて開き、厚みを均一にする。塩麹、おろしにんにくをもみこむ。

2　内釜に**1**のとり肉、ねぎの青い部分を加えて普通コースで炊く。

3　ねぎの白い部分はみじん切りにして、たれの調味料と混ぜ合わせる。

4　炊き上がったら、ねぎの青い部分を取り除く。とり肉を取り出して食べやすい大きさに切る。器に盛り、とり肉に**3**のたれをかける。

memo

白米ではなく雑穀米などを使ってもおいしく仕上がります。

炊飯器で作るえびピラフ

洋風のご飯メニューとしてうれしいえびピラフも、炊飯器にお任せ！
玉ねぎ麹の効果で、コクのある本格的な味に仕上がります。

材料（4人分）

米…2合
むきえび…8尾
しめじ…1/2パック（約50g）
にんじん…1/4本
玉ねぎ麹…大さじ2
バター…10g
パセリ…適量
えびの下処理
塩…小さじ1/2
酒…大さじ1

作り方

1 炊飯器の内釜に洗った米、水（分量外）を目盛りまで入れて約30分置く。えびはあれば背わたを取り、塩と酒をふりかけて、軽くもみこんでから流水で洗い、水けを切る。しめじはほぐし、にんじんは粗みじん切りにする。

2 内釜にえび、しめじ、にんじん、玉ねぎ麹を加えて普通コースで炊く。

3 炊き上がったらバターを入れ、さっくりと混ぜる。器に盛り、パセリをふる。

カルボナーラご飯 塩麹

カマンベールチーズを炊飯器にIN！ クリーミーなカルボナーラパスタを
イメージした、食べごたえある変わり炊き込みご飯です。

材料（4人分）

米…2合
ベーコン…80g
カマンベールチーズ
　…1/2個（45g）
マッシュルーム…4個
玉ねぎ…1/2個
塩麹…大さじ1
おろしにんにく…少々
黒こしょう…適量

作り方

1 炊飯器の内釜に洗った米、水（分量外）を目
　盛りまで入れて約30分置く。ベーコンは
　食べやすい大きさに切る。マッシュルーム
　は縦薄切り、玉ねぎはみじん切りにする。

2 内釜にベーコン、マッシュルーム、玉ねぎ、
　塩麹、にんにくを加えて普通コースで炊く。

3 炊き上がったら一口大に切ったカマンベー
　ルチーズをのせ、ふたを閉めて10分ほど
　蒸す。器に盛り、好みで黒こしょうを振る。

季節野菜の塩豚汁 🏺

夏はなすやズッキーニ、寒い時期は大根やにんじんといった根菜など季節野菜で
一年中楽しめる味つけ。豚肉はバラ肉に替えてもコクが増しておいしい。

材料（2〜3人分）

豚こま切れ肉…120g
しめじ…1/2パック（約50g）
なす…1本
ズッキーニ…1/2本
ミニトマト…8個
塩麹…大さじ3
にんにく（みじん切り）…1かけ分
米油…小さじ1
水…500㎖

作り方

1 豚こま切れ肉は食べやすい大きさに切る。
   しめじはほぐし、なすとズッキーニは5
   mm厚さの半月切りにする。

2 鍋に米油をひき、にんにくを入れて弱火
   で炒める。香りが立ってきたら1の豚肉、
   しめじ、なす、ズッキーニを加えて炒め
   る。

3 2に水、塩麹、ミニトマトを加え、火が
   通るまで5分ほど煮る。

塩麹のクリーミーみそ汁 塩麹

みそと意外に合うのが豆乳と塩麹。とろみもプラスして、体の芯から
あたたまる、冬に合うこっくりしたスープに。

材料（2〜3人分）

豆乳（成分無調整）…200㎖
白菜…1/6個（約300g）
さつまいも…小1本（約150g）
塩麹…大さじ1/2
みそ…大さじ1
だし汁…200㎖
水溶き片栗粉
　片栗粉…大さじ1/2〜2/3
　水…大さじ1〜1と1/3
黒こしょう…適量

作り方

1 白菜はざく切り、さつまいもは皮つきの
　まま5mm厚さの半月切り（大きい場合は、
　いちょう切り）にする。

2 鍋に**1**、だし汁を入れ、ふたをして中火
　でさつまいもに火が通るまで煮る。

3 **2**に豆乳、塩麹、みそ、水溶き片栗粉を
　加え、とろみがついたら火を止める。器
　に盛り、好みで黒こしょうをふる。

お手軽参鶏湯 塩麹

滋味深い韓国料理として知られる"サムゲタン"も、塩麹にお任せ！
炊飯器を使うことで、手間なく煮込むことができます。

材料（2〜3人分）

手羽元…8本
大根…250g
長ねぎ…1本
しょうが…1かけ
なつめ・クコの実（あれば）
　　…適量
もち米…大さじ3
塩麹…大さじ2
酒…50㎖
水…800㎖

作り方

1 手羽元は骨に沿って切り込みを入れ、塩麹をよくすり込んでおく。

2 大根は1㎝厚さほどのいちょう切り、長ねぎは青い部分を除き3㎝ほどの長さに切り、しょうがは薄切りにする。

3 炊飯器に**1**、**2**を入れ、もち米、酒、水、あればなつめ、クコの実を加えて普通コースで炊く。

4 炊き上がったらねぎの青い部分を取り除き、器に盛る。

玉ねぎ麹の具だくさんスープ

野菜をたっぷり食べたい！というときにおすすめのスープ。
玉ねぎ麹だけでしっかり味がつくので、汁物に迷ったときの一品に最適。

材料（2〜3人分）

豚こま切れ肉…100g
キャベツ…2枚（約170g）
にんじん…1/4本
しめじ…1/2パック（約50g）
玉ねぎ麹…大さじ2〜2と1/2
米油…小さじ2
水…600㎖

作り方

1 キャベツ、にんじん、豚肉はそれぞれ食べやすい大きさに切る。しめじはほぐし、長いものは半分に切る。

2 鍋に米油を入れて熱し、豚肉、キャベツ、にんじん、しめじを中火で炒める。

3 具材がしんなりしたら、水と玉ねぎ麹を加え、にんじんがやわらかくなるまで10分ほど煮る。

トマトの塩麹スープ

食欲があまりないときでも食が進みそうな、トマトと玉ねぎのスープ。
塩麹だけで味つけができるので、朝食などにもぴったり。

材料（2〜3人分）

トマト…大1個（約180g）
玉ねぎ…中1個（約150g）
塩麹…大さじ1と1/2
にんにく（みじん切り）…1かけ分
黒こしょう…適量
オリーブオイル…適量
水…400㎖
パセリ…適量

作り方

1 トマト、玉ねぎは1㎝角に切る。

2 鍋にオリーブオイルをひき、にんにく、
1の玉ねぎを入れて中火で炒める。

3 玉ねぎがやわらかくなったら、水、1の
トマト、塩麹を加えてひと煮立ちさせる。

4 器に盛り、パセリ、黒こしょうをふる。

> ### memo
>
> トマトは半分に切ったミニトマト
> を使ってもOK。

酒粕のクラムチャウダー

あさりのうまみと酒粕＆塩麹のダブルのコクが合わさり絶品。
酒粕のチカラで体もあたたまるので、寒い季節のごちそうに。

材料（2〜3人分）

あさり水煮缶…1缶（約130g）
豆乳（成分無調整）…300㎖
じゃがいも…中3個
にんじん…1本
玉ねぎ…1個
塩麹…大さじ2
酒粕…50g
バター（またはオリーブオイル）…10g
水…300㎖
パセリ…適量

作り方

1 じゃがいも、にんじん、玉ねぎは食べやすい大きさに切る。

2 鍋にバターを入れ、**1**を中火で炒める。

3 **2**の鍋にあさり水煮缶を汁ごと入れ、塩麹、水を加えて具材に火が通るまでふたをして煮る。

4 **3**に酒粕を加えてひと煮立ちさせ、豆乳を加えて全体をよく混ぜる。

5 器に盛り、パセリをふる。

酒粕じゃがポタージュ

ミキサーやブレンダーいらずで、じゃがいもの食感も楽しいポタージュ。
酒粕特有の香りはなく、洋風のポタージュができ上がります。

材料（2〜3人分）

豆乳（成分無調整）…200㎖
じゃがいも…中3個（約300g）
玉ねぎ…1/2個（約100g）
酒粕…30〜40g
塩麹…大さじ1
水…150㎖

作り方

1 じゃがいもは5㎜厚さの薄切りに、玉ねぎ
　は粗みじん切りにする。

2 鍋に**1**、水、酒粕、塩麹を入れて酒粕を溶
　かしながら加熱する。沸騰したら弱火にし、
　ふたをして8〜9分ほど煮る。

3 じゃがいもがやわらかくなったら火からお
　ろしてフォークなどでつぶす。

4 **3**の鍋に豆乳を加えて再び火にかける。弱
　火であたためたら味を見て、薄ければ塩適
　量（分量外）でととのえる。

第 7 章

やさしい甘さの
お手軽スイーツ

甘い物が食べたいときも、発酵調味料の出番！
甘酒を活用すれば、砂糖や甘味料を使わずに、
おいしくて体にやさしいスイーツが手軽に完成します。

ベリーの甘酒スムージー

甘酒×豆乳で“菌トレ”にぴったりなスムージー。冷凍ミックスベリーで
とても飲みやすい味なので、朝食はもちろん、間食にも。

材料（2〜3人分）

冷凍ミックスベリー…90g
豆乳（成分無調整）…150㎖
甘酒（濃縮タイプ）…170g

作り方

1 すべての材料をミキサーまたはブレン
ダーでかくはんする。冷蔵室で冷やして
おく。

---
memo
- - - -

冷凍ミックスベリーはバナナ1本
や、キウイに替えても。

甘酒フレンチトースト

甘酒をしっかりとしみこませると、ふっくらとした焼き上がりに。
りんごのソテーは、バターやココナッツオイルを使っても。

材料（2人分）

りんご…1/2個
食パン（6枚切り）…2枚
卵…2個
豆乳（成分無調整）…50ml
甘酒（濃縮タイプ）…100g
シナモン…適量
米油…適量
メープルシロップ…適量

作り方

1 りんごは皮つきのまま2mm厚さの薄いくし形切りにする。食パンは4等分する。

2 ボウルに卵を割り入れて、甘酒、豆乳を加えて卵の白身の塊が残らないよう、よく溶きほぐす。

3 バットに**2**の卵液を流し入れ、**1**の食パンを30分ほどひたしておく。

4 フライパンに米油を入れ弱火で熱し、**3**を入れ、片面が焼けたら裏返し、両面をこんがり焼く。器に盛っておく。

5 フライパンを拭き、米油を足して弱火でりんごを焼く。**4**のパンの上にのせ、シナモンをふる。好みでメープルシロップをかける。

酒粕レーズン

酒粕を使った大人の発酵おやつ。そのまま食べても、パンやクラッカーの
ディップにしても相性抜群、家呑みのおつまみにもぴったり♪

材料（作りやすい分量）

クリームチーズ…100g

干しいちじく…2個

お好みのナッツ（ここではアーモン
　ド、くるみ、カシューナッツを
　使用。製菓用または無塩）
　　…30g

レーズン…30g

酒粕…50g

メープルシロップ…大さじ1〜2

作り方

1 クリームチーズは室温にもどしておく。
干しいちじくは食べやすい大きさに切る。
ナッツはポリ袋に入れてめん棒などで砕
く。

2 ボウルに**1**、酒粕、レーズンを加えて全
体をよく混ぜ合わせる。

3 メープルシロップを加えて全体をよく混
ぜ合わせる。

甘酒のスイートポテト

砂糖の代わりに甘酒を使ってコク深い味に。
隠し味に醤油を入れることで、香りよく仕上がります。

材料 (作りやすい分量)

さつまいも…1本(約250g)
甘酒(濃縮タイプ)…大さじ3
バター…30g
醤油…小さじ1
卵黄…1個分
黒いりごま…適量

memo

水分が少ないさつまいもでつぶす
のが大変なときは、牛乳を少しず
つ加えてください。

作り方

1 さつまいもは皮をむき、水にさらしてから水
けをきり、耐熱容器に入れる。ふんわりと
ラップをかけて電子レンジで5分ほど加熱し
てフォークなどが簡単に入るくらいのやわら
かさにし、つぶす。

2 **1**が熱いうちにバター、甘酒、醤油を加える。
全体がなめらかになるまでよく混ぜ合わせる。

3 **2**を俵形に成形して卵黄をぬる。オーブン用
ペーパーに並べ、200℃に予熱したオーブン
で15分ほど焼く。

4 仕上げに黒いりごまをふる。

甘酒レアチーズケーキ

焼かずに冷やし固めるだけの手軽なケーキ。誰かに教えたくなる、
砂糖も小麦粉も使わない、罪悪感なしのケーキです。

材料（直径15cmの底がはずせる丸型1台分）

チーズ生地
- クリームチーズ…200g
- **ヨーグルト**…50g
- **甘酒**（濃縮タイプ）…150g
- レモン汁…大さじ1
- 粉ゼラチン…8g

底の生地
- オートミール…35g
- **甘酒**（濃縮タイプ）…大さじ2
- バター…10g
- 醤油…小さじ1/2

ソース
- 冷凍ミックスベリー…50g
- **甘酒**（濃縮タイプ）…50g

作り方

1 クリームチーズは室温にもどしておく（電子レンジで30秒ほど加熱してやわらかくしても）。

2 底の生地を作る。フライパンにバターを入れ、弱火でオートミールに色がつくまで炒める。甘酒、醤油を加えて混ぜる。オーブン用ペーパーを敷いた型に敷きつめ、冷蔵室で冷ましておく。

3 チーズ生地を作る。ボウルにクリームチーズを入れ、ゴムべらでなめらかになるまで練る。ヨーグルト、甘酒、レモン汁を加え、泡立て器やミキサーでだまがなくなるまで混ぜ合わせる。

4 粉ゼラチンを、湯（大さじ3、分量外）でよく溶かす。

5 3の生地に4を加え、素早く混ぜ合わせたら2の型に流し込む。冷蔵室で2〜3時間ほど冷やし固める。

6 ソースの材料をミキサーまたはブレンダーで混ぜ合わせ、5で固めたケーキにかける。

材料別索引

おもな発酵食品・調味料

138

**発酵食大学のおすすめアイテム（30ページ）で
紹介した商品の問い合わせ先**

ヤマト醤油味噌　☎ 0120-12-1248
株式会社菱六　　☎ 075-541-4141
糀屋三左衛門　　☎ 0532-31-9210
四十萬谷本舗　　☎ 0120-41-4173
福光屋　　　　　☎ 0120-293-285

発酵食大学

発酵調味料の知識・活用を学び、蔵元との交流を楽しむという目的のもと、2013
年に石川県金沢市でスタートした、大人の食育プログラム。これまで、対面・オン
ラインの講座を通して3000人以上が発酵の楽しさを学んできた。「忙しい人こそ、
発酵調味料で簡単に美味しく、ヘルシーなご飯作りを」をモットーに、食物繊維と
発酵食品を毎日とる「菌トレ」を推奨するほか、Instagram、Youtubeで手軽に
できる発酵調味料活用レシピを発信するなど、さまざまな活動を続けている。
発酵食大学の講座は金沢校、京都校、横浜校で開催しているほか、オンラインの通
信部、石川県立大学や北陸学院大学・近畿大学の教授陣が講師として参画している
発酵食大学大学院がある。

ホームページ　https://hakkoushoku.jp/
Instagram @hakkousyokudaigaku

staff

撮影：佐々木美果（カバー、P10-11、P15、P19、P20、P26）、発酵食大学
デザイン：mocha design
カバー写真スタイリング：comete（こめて）
編集協力：田子直美、comete（こめて）
校正：東京出版サービスセンター
DTP：キャップス
編集：志村綾子

発酵食大学の旨うまレシピ

今日からすぐできる！
ラクしておいしいヘルシーごはん

2023 年 12 月 4 日　初版発行
2024 年 6 月 10 日　第 2 刷発行

著者　発酵食大学

発行者　山下直久

発行　株式会社 KADOKAWA
　　　〒 102-8177 東京都千代田区富士見 2-13-3
　　　電話　0570-002-301（ナビダイヤル）

印刷・製本　図書印刷株式会社

©Fermented Food College 2023
Printed in Japan

ISBN 978-4-04-897680-0 C0077

●お問い合わせ
https://www.kadokawa.co.jp/（「お問い合わせ」へお進みください）
※内容によっては、お答えできない場合があります。
※サポートは日本国内のみとさせていただきます。
※ Japanese text only